Erfahrungen sexualisierter Gewalt in der
Lebensgeschichte alter Frauen

Gewidmet in Liebe und Dankbarkeit
Lisa Schulte
und
Johanna Hofmann

Martina Böhmer, geb. 1959, ist Altenpflegerin für Geriatrische Rehabilitation. Sie bietet Lesungen und Vorträge zum Thema an.

Martina Böhmer

Erfahrungen sexualisierter Gewalt in der Lebensgeschichte alter Frauen

Ansätze für eine frauenorientierte Altenarbeit

Mit einem Vorwort von Luise F. Pusch

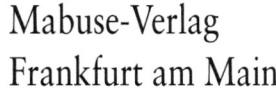
Mabuse-Verlag
Frankfurt am Main

Bibliografische Information Der Deutschen Bibliothek

Die Deutsche Bibliothek verzeichnet diese Publikation in der Deutschen Nationalbibliografie; detaillierte bibliografische Daten sind im Internet unter http://dnb.ddb.de abrufbar.

3. Auflage 2005
© 2000 Mabuse-Verlag GmbH
Kasseler Str. 1a
60486 Frankfurt am Main
Tel.: 0 69 / 70 79 96-13
Fax: 0 69 / 70 41 52
E-Mail: info@mabuse-verlag.de
www.mabuse-verlag.de

Titelbild: Martina Böhmer; abgebildet: Paula Limbertz (†)
Satz: Thomas Welling
Druck: FVA Fuldaer Verlagsanstalt GmbH & Co. KG
ISBN: 3-933050-16-2
Printed in Germany
Alle Rechte vorbehalten

Inhalt

Vorwort und Danksagung

Vorwort

Wissen Sie, was „digitale Ausräumung" ist? Wenn nicht, wird es Zeit, daß Sie sich damit befassen, denn wir werden alle älter, und als Frauen werden wir meist sogar sehr alt.

Die „digitale Ausräumung" hat nichts mit Computern zu tun, sondern mit dem Finger. Sie liegen im Altersheim, möglicherweise im Bett angeschnallt, „ruhiggestellt", Sie bekommen Psychopharmaka, die sie noch mehr „ruhigstellen", Ihren Darm eingeschlossen, und wenn dann der „Stuhl" hinten nicht von allein heraus will, werden Sie eben „digital ausgeräumt", indem das Pflegepersonal mit dem Finger in Ihrem After herumpult. Bei der Prozedur schaut möglicherweise die Zimmernachbarin zu oder deren Besuch oder die Visite, die zufällig die Runde macht.

Aber nicht von solchen Greueln handelt Martina Böhmers aufrüttelndes Buch. Ihr geht es vielmehr darum, welche *Erinnerungen an erlittene sexualisierte Gewalt* eine solche Ausräumung und ähnliche unkontrollierbare Pflegehandlungen in dem hilflosen Objekt der Pflege auslösen können.

Es kann ja durchaus sein, daß schon einmal jemand in Sie hineingefahren ist gegen Ihren Willen, von hinten oder vorn. Je älter Sie sind, umso höher ist die Wahrscheinlichkeit, denn als Ältere haben Sie den Krieg miterlebt. Im Krieg werden Frauen bekanntlich in Scharen von den Kriegern vergewaltigt, damals wie heute in Bosnien und im Kosovo. Nehmen wir an, Sie haben überlebt, das Trauma sogar erfolgreich verdrängt, aber bei der „digitalen Ausräumung" oder auch, wenn Ihnen der junge Pfleger einen Katheter anlegt und Sie auffordert, dafür „die Beine breitzumachen", bricht es wieder auf, natürlich. Alles ist mit einem Schlag wieder da. Sie halten das nicht aus und schalten endgültig ab oder fangen an zu schreien und zu toben – was denn sonst?

Es kann Ihnen in diesem Fall passieren, daß Sie als psychotisch diagnostiziert werden, in die Altenpsychiatrie kommen und – möglicherweise bis zum Lebensende – mit Psychopharmaka behandelt werden. Dabei hätte ein verständnisvolles, behutsames therapeutisches Gespräch mit einer Fachfrau, die über die Zusammenhänge Bescheid weiß, Sie beruhigen und Ihnen Ihre Würde erhalten und die weitere Reduzierung Ihrer Autonomie verhindern können.

Dies Beispiel einer häufigen Fehldiagnose aufgrund von Unkenntnis des *„Posttraumatischen Belastungssyndroms"* ist nur eines von vielen, die Martina Böhmer in ihrem Buch anführt.

Ich selber, obwohl ich mich mit der Literatur zum Posttraumatischen Belastungssyndrom ein bißchen auskenne, bin niemals auf die Idee gekommen, die Ergebnisse dieser Forschung auf „Störungen", „störendes Verhalten", „Demenz" undsoweiter bei alten Frauen anzuwenden.

Es ist Martina Böhmers großes Verdienst, diese Zusammenhänge erstmals gesehen und kenntnisreich, engagiert, sensibel und verständnisvoll diskutiert zu haben.

Luise F. Pusch

Danksagung

Dieses Buch ist geschrieben auch für Töchter und Enkelinnen, pflegende Angehörige und professionell Pflegende.

Es ist entstanden aus einer Facharbeit, die ich im Rahmen meiner Weiterbildung „Pflege in der Geriatrischen Rehabilitation" beim Deutschen Berufsverband für Pflegeberufe (DBfK) in Essen, 1996 bis 1998, geschrieben habe.

Mein Dank gilt all meinen KollegInnen aus dieser Weiterbildung, die mich durch ihre Anerkennung und ihre konstruktive Kritik bestärkt und unterstützt haben.

Weiterhin danke ich meinen Freundinnen Michaela Baumann, Freya Eberding, Karin Golumbeck, Rosa Henkel, Gabi Holthausen, Kinie Hoogers, Marion König, Christel Kreuzer, Paula Limbertz (†), Bettina Loidl, Mechtild Schuster und Brigitte Wallis, die alle auf ihre Weise dazu beigetragen haben, daß ich seit einiger Zeit in der Lage bin, mich mit diesem Thema auseinanderzusetzen.

Und ich danke den vielen alten Frauen, denen ich in meiner Arbeit als Altenpflegerin begegnet bin und den vielen Überlebenden sexualisierter männlicher Gewalt, die ich durch ihre Veröffentlichungen oder persönlich kennengelernt habe. Ohne sie wäre es mir nicht möglich gewesen, diese Arbeit zu erstellen. Sie alle haben mich persönlich und fachlich unter- und gestützt, korrigiert und mir ihr Wissen und ihre Erfahrungen zur Verfügung gestellt.

Besonders bedanken möchte ich mich bei meiner Liebe Lisa Schulte, die mir geholfen hat, dieses Thema zu sehen und die mich unterstützt, mir beisteht, mich versteht und liebt und die mir beim Schreiben dieses Buches wertvolle fachliche Tips und Literaturempfehlungen gegeben hat und so manche meiner sprachlichen ‚Verirrungen' geglättet hat.

Weiterhin bei Luise F. Pusch für ihre Klugheit und große Liebenswürdigkeit; bei Christiane Leonhard, die mir eine sehr gute Freundin ist, ebenso wie Anja Hindenburg, die sich zudem im Urlaub ständig die Erstfassung dieses Textes anhören mußte und Monika Bourtscheidt, die mich durch die Weiterbildung gebracht hat und immer für mich da ist; bei Dominique Vercruysse, die mich mit feministischer Solidarität, Geduld und Herz therapeutisch begleitet hat; bei Ellen Trude, die mir die Arbeit erleichtert hat, indem sie es geschafft hat, mir die Computerei näher zu bringen und Erika Schilling, die ihr Wissen mit mir teilt und mir eine feministische Schwester ist.

All diesen Frauen danke ich, weil sie mich durchs Leben tragen und begleiten.

Und – nicht zuletzt – gilt mein Dank dem Mabuse-Verlag für die Veröffentlichung dieses Textes; Anja Uhling, die „den Stein ins Rollen" gebracht hat und insbesondere Karin Griese, mit der es großen Spaß gemacht hat, zusammen zu arbeiten (Danke auch für Paula!).

1. Einleitung

> „Das Glück des Mannes heißt: ich will.
> Das Glück des Weibes heißt: er will."
>
> „Ein Mann, der Tiefe hat, kann über das Weib nur orientalisch
> denken, ... er muß das Weib als Besitz, als verschließbares
> Eigentum, als etwas zur Dienstleistung Vorherbestimmtes auffas-
> sen."
> Friedrich Nietzsche, 1844–1900

Mit dieser Arbeit widme ich mich den alten Frauen, die wir – die in der Altenpflege Tätigen – pflegen und betreuen, für und über die wir unter bestimmten Voraussetzungen Entscheidungen treffen müssen, wenn sie dazu selbst nicht mehr in der Lage sind, und an denen wir bestimmte pflegerische Handlungen vornehmen und deren Tagesablauf wir strukturieren.

Und genauso den alten Frauen, deren Töchter und Enkelinnen wir sind.

Weder in der feministischen Literatur – die sich mittlerweile ausgiebig mit der sexualisierten männlichen Gewalt und deren Folgen für Frauen beschäftigt – noch in fortschrittlicher psychologischer und psychiatrischer Literatur werden alte Frauen diesbezüglich berücksichtigt. Selbst dort finden alte Frauen nur Erwähnung, wenn sie dement sind, es wird von „diesen" Frauen gesprochen und was Demenz im Alltag für sie bedeutet. (Nachzulesen zum Beispiel in Hilsenbeck, 1993)

Meines Erachtens fehlt es in der Literatur – besonders der feministischen – an der Herstellung des Kontextes der Lebensgeschichten alter Frauen, die oftmals von sexualisierter männlicher Gewalt geprägt sind, und den jetzigen Lebenssituationen, Erkrankungen, Behandlungen, Behandlungsorten und -methoden von alten Frauen. Es fehlt weiterhin die Auseinandersetzung von Frauen mit den Lebensgeschichten der Müttergeneration, im besonderen unter dem Aspekt der erlebten sexualisierten männlichen Gewalt. Diese Auseinandersetzung ist aber notwendig, um erstens die eigene Geschichte verstehen und bearbeiten zu können; zweitens, um Solidarität mit der Müttergeneration und den nachfolgenden Frauengenerationen herstellen zu können, denn nur so können wir der patriarchalen Spaltung von Frauenbeziehungen entgegenwirken und drittens, um Frauen, die ein gewisses Alter erreicht haben, nicht alleine zu lassen.

Alte Frauen und Frauen in der Altenpflege, als Pflegende und als Pflegebedürftige, sind – wenn überhaupt – ein Randthema in der Diskussion von und über Frauen. Fragen dazu werden nur von wenigen feministischen Alten- und Krankenpflegerinnen aufgegriffen, etwa zu den Themen Leben und Wohnen von Frauen im Alter, lesbische Frauen im Altenheim usw. Sehr vieles, was Pflegende in ihren Ausbildungen über Alte lernen, ist männlich geprägte Medizin, männlich geprägte Soziologie, Psychologie, Altersphysiologie und Psychiatrie mit entsprechenden Therapien, die ebenfalls meist von Männern entwickelt wurden. Auf die Bedürfnisse und Krankheitssymptome, die aus der geschlechtsspezifischen Sozialisation und den unterschiedlichen Lebenserfahrungen von Frauen und Männern resultieren, wird kaum eingegangen. In Beschäftigungstherapien für Alte in Heimen allerdings wird für Frauen eher Seidenmalerei oder ähnliches und für Männer zum Beispiel Begleitung zu Fußballspielen angeboten. Für viele alte Menschen mag das ausreichend und passend sein, allerdings wird meiner Meinung nach zu oft von Pflegenden bzw. BeschäftigungstherapeutInnen selbstverständlich davon ausgegangen, daß das Beschäftigungen sind, die für alte Menschen passend sind. Mein Kritikpunkt daran ist, daß zuwenig in ihren Biographien geforscht wird, sie zu selten nach ihren Interessen gefragt werden, um dann individuellere Beschäftigungen anbieten zu können. Aus meinen Arbeitsfeldern kenne ich viele alte Frauen, die solche Aktivitäten nur mitgemacht haben, damit sie überhaupt etwas tun konnten, es aber auch als uninteressant für sich empfunden haben.

Auch der „Berufsverband Deutscher Psychologinnen und Psychologen (BDP)" e.V.", den ich kürzlich anschrieb, um zu erfahren, ob seine MitarbeiterInnen Erfahrungen mit alten Frauen und der Erkrankung Posttraumatisches Belastungssyndrom(PTSD) nach erlebter sexualisierter männlicher Gewalt haben, gab mir eine wenig befriedigende Antwort: „Unser Konzept richtet sich an alle von posttraumatischen Belastungsstörungen Betroffenen, auch an Frauen mit Gewalterfahrungen. Selbstverständlich bieten wir unsere Hilfe auch Menschen mit lange zurückliegenden psychischen Traumata an. Eine systematische Untersuchung insbesondere alter Frauen mit PTSD ist mir nicht bekannt. Allerdings betreut Prof. Dr. Willi Butollo am Münchner Institut für Klinische Psychologie Forschungsarbeiten zu den psychischen Folgen von Kriegserlebnissen ...“ (! M.B.)

Es ist meines Erachtens daher dringend notwendig, daß auch PsychologInnen und PsychotherapeutInnen sich dieser Gruppe von Frauen annehmen. Trotz der unbefriedigenden Situation gibt es Psychotherapeutinnen, die vereinzelt schon mit alten Frauen zu diesem Thema gearbeitet haben und arbeiten und es wäre wünschenswert, daß PsychotherapeutInnen und PsychologInnen sich speziell hierzu weiterbilden.

Altenpflege geht uns alle an, auch wir werden alt und müssen irgendwann gepflegt werden, wir werden Angehörige und Freundinnen pflegen, betreuen oder in Altenheime geben müssen.

Mein Anliegen ist es, *alte* Frauen in unser Bewußtsein und unser Leben mit einzubeziehen und Voraussetzungen zu schaffen, die ihnen ein Leben im Alter ermöglichen, das ihnen und ihren Lebensgeschichten und -erfahrungen gerecht wird. Somit ebnen wir für uns selbst auch den Weg dafür, daß wir im Alter von den nachfolgenden Generationen so behandelt, betreut und gepflegt werden, wie es unseren Bedürfnissen und unseren Lebensgeschichten entspricht.

Geschieht das nicht, werden negative Pflegehandlungen, Grenzüberschreitungen und Gewalt, sei es in den Familien, der häuslichen Alten- und Krankenpflege, in der Gerontopsychiatrie (dahin kann Eine im Alter schneller eingewiesen werden, als sie glaubt), in Altenheimen oder Krankenhäusern, sicher auch an uns weiter durchgeführt.

Ich beschäftige mich mit dem Thema „frühere sexualisierte männliche Gewalt“ in der Biographie von alten Frauen in der Pflege, seit mir im Laufe meiner bisherigen Tätigkeit als Altenpflegerin in den verschiedenen stationären und ambulanten Arbeitsfeldern immer wieder alte Frauen begegneten, die mehr oder weniger offen oder auch durch bestimmte Verhaltensweisen deutlich machten, daß sie sexualisierte männliche Gewalt erlebt haben. Diese stand meines Erachtens im Zusammenhang mit ihren psychischen oder somatischen Erkrankungen.

Mir fiel auf, daß sowohl bei psychisch auffälligem Verhalten von alten Frauen, d. h. Verhaltensweisen, die außerhalb der „Norm" lagen, wie auch bei somatischen Symptomen – im Gegensatz zu jüngeren Frauen – kaum Ursachenforschung in ihrer Biographie unter diesem Aspekt betrieben wurde und daß frühere sexualisierte männliche Gewalt daher selten Einfluß auf Diagnosestellung und Therapie hatte und hat. Selbst in solcher Literatur, die nachweist, daß Frauen verstärkt durch sexualisierte Gewalterfahrungen und durch die allge-meine Diskriminierung an Körper, Geist und Seele erkranken, werden alte Frauen nicht berücksichtigt.

Dadurch erhalten alte Frauen oft nur eine Symptombehandlung mit Medikamenten und Realitätsorientierungstrainings und Beschäftigungstherapien. Sie werden somit reduziert auf alterserkrankte, altersverwirrte, demente, hysterische und psychotische Frauen. Das Erkennen von früheren sexualisierten Gewalterfahrungen im Zusammenhang mit verändertem oder auffälligem Verhalten einer alten Frau und dem Ergreifen entsprechender Maßnahmen geschieht mehr oder weniger zufällig und bleibt oft darauf beschränkt, daß Pflege zum Beispiel nur von weiblichen Pflegenden durchgeführt wird.

Die Diagnose Posttraumatisches Belastungssyndrom (deren Ursache unter anderem sexualisierte männliche Gewalt ist), seit 1980 im Diagnosehandbuch des amerikanischen Psychiatrieverbandes aufgenommen, ist mir weder in meiner Altenpflegeausbildung (1988–1990), in diversen Fortbildungen im Bereich der Altenpflege, der Weiterbildung „Geriatrische Rehabilitation", die ich 1996–1998 absolviert habe, noch in meiner praktischen Arbeit als Altenpflegerin seit 1986 in der Zusammenarbeit mit ÄrztInnen der verschiedenen Fachrichtungen und den unterschiedlichsten AltentherapeutInnen begegnet. Es gibt auch kaum eine Kollegin im Altenpflegebereich, die diese Diagnose überhaupt kennt.

Ich habe alte Frauen erlebt, die urplötzlich unter Angstzuständen litten, von fremden Männern halluzinierten, die nachts an ihr Bett kamen und ähnliche ver-rückte Verhaltensweisen zeigten.

Bei einer alten Frau erlebte ich, wie sie eines Tages völlig panisch vor Angst über nächtliches Erscheinen von Tieren in ihrem Bett erzählte und sich ihre Angstzustände in den folgenden Tagen und Nächten wiederholten. Ihr wurde von der Stationsärztin als erste Maßnahme das Psychopharmakon Haldol®verordnet, und sie selbst äußerte, daß sie sich nicht ernst genommen fühle. Nach längeren Gesprächen, Erforschung ihrer Biographie stellte sich heraus, daß sie 1945 von amerikanischen Soldaten vergewaltigt wurde.

Ich fand heraus, daß die Mitpatientin in ihrem Zimmer täglich Besuch von ihrem Ehemann erhielt, der Amerikaner war und mit ihr englisch sprach. Verständlich, daß dadurch bei der alten Frau Erinnerungen und alte Ängste aufkamen. Sie wurde auf ein anderes Zimmer verlegt, so daß sie keinen Kontakt mehr mit dem Amerikaner hatte, und nach ein paar Tagen und intensiven Gesprächen hatte sie keine Halluzinationen und Angstzustände mehr. Das (auch hier völlig unnötige) Psychopharmakon konnte wieder abgesetzt werden und es traten auch danach keine weiteren Symptome mehr auf. Daß ich die Gründe für das auffällige Verhalten zufällig erkannt hatte, bewahrte die alte Frau womöglich davor, als psychotisch stigmatisiert zu werden und lange oder gar lebenslange Psychopharmaka einnehmen zu müssen – mit allen ihren Nebenwirkungen.

Dieses Beispiel und viele andere Begebenheiten mit alten Frauen machten mir deutlich, daß frühere sexualisierte männliche Gewalt, die Frauen erlitten haben, auch heute noch – so viele Jahre danach – erhebliche Folgen hat.

Mit meiner Arbeit möchte ich darauf hinweisen, daß sexualisierte männliche Gewalt immer negative Auswirkungen auf die Frau hat, die sie erfährt. Diese Auswirkungen können das Leben einer Frau bis ins hohe Alter beeinträchtigen und bestimmen.

Ziel meiner Arbeit ist es, traumatische sexualisierte Gewalterfahrungen von Frauen als einen möglichen Teil ihrer Biographie deutlich zu machen, um:

1. die alten Frauen verstehen und sie ganzheitlich pflegen, betreuen und begleiten zu können,
2. in der Pflege nicht unwissentlich Situationen zu schaffen, die für alte Frauen ähnlich erlebt werden, wie früher erfahrene sexuelle Gewaltsituationen bzw. therapeutisch und für die alten Frauen angemessen damit umgehen zu können,
3. anzuregen, Alterserkrankungen wie Demenz, HOPS (Hirnorganisches Psychosyndrom), Altersverwirrtheit, Depression, Psychose usw. unter dem Aspekt der Bewältigungsstrategien aufgrund sexualisierter männlicher Gewalterfahrungen von alten Frauen zu erforschen,
4. anzuregen, die Diagnose Posttraumatisches Belastungssyndrom in die Alten- und Krankenpflegeausbildung aufzunehmen,
5. anzuregen, daß sich PsychotherapeutInnen und PsychologInnen auch alter Frauen mit dieser Problematik annehmen,
6. Töchter anzuregen, die Geschichte ihrer Mütter zu erfragen, um sie und dadurch auch sich selbst besser zu verstehen,
7. Frauen anzuregen, sich verstärkt für die Rechte von alten Frauen einzusetzen und Literatur über und die öffentliche Haltung zu alten Frauen aus Frauensicht kritisch zu hinterfragen und zu verändern.

Dazu gebe ich einen Abriß der Zeitgeschichte wieder, in der die heute alten Frauen geboren wurden und in der sie gelebt haben. Weiterhin zeige ich die vielfältigen Formen von sexualisierter männlicher Gewalt gegen Frauen und Folgen bzw. Symptome von sexualisierter Gewalt auf. Und schließlich gehe ich darauf ein, wie Pflegende mit dem Wissen um diese möglichen Erfahrungen mit alten Frauen umgehen könnten bzw. sollten.

Ich versuchte, durch Beobachtung der alten Frauen, ihrer Krankheitssymptome und ihrer Reaktionen auf verschiedene Umstände und Pflegemaßnahmen auf den Stationen, durch Gespräche mit ihnen und genaues Hinhören, ihre Biographien zu entdecken und zu erfragen. Vieles, was ich gesehen, gehört und erlebt habe, deutete darauf hin, daß sexualisierte Gewalterlebnisse in ihren Biographien vorkamen und diese das gegenwärtige Verhalten von ihnen massiv bestimmen.

Da sexualisierte männliche Gewalt gegen Frauen ein Thema ist, das bisher in der Biographiearbeit in der Altenpflege nicht berücksichtigt wurde, kann ich mich mehrheitlich „nur" auf Literatur stützen, die sich auf jüngere sexuell traumatisierte Frauen bezieht. Bewußt habe ich auch aus Literatur zitiert, die zum Teil schon 20 Jahre alte ist, um deutlich zu machen, daß dieses Thema nicht erst seit neuestem aktuell ist und es leider auch nicht an Aktualität verloren hat. Weiterhin schreibe ich auf dem Hintergrund meiner Erfahrungen und Beobachtungen, Erzählungen von Zeitzeuginnen, beziehe mich auf das Buch von Helke Sander – „Befreier und Befreite" (1995) – und Informationssammlungen aus Geschichtsbüchern, die sexualisierte männliche Gewalt gegen Frauen zum Teil beschreiben und zum Teil aber auch verHerrlichen.

2. Biographiearbeit

BIOGRAPHIE:
„Lebensbeschreibung"
(Das Neue Universallexikon, Bd. I, 1973, S. 202)

Schwester, was seht Ihr, was seht Ihr?

Schwester, was seht Ihr, was seht Ihr?
Was denkt Ihr, wenn Ihr mich anseht?
Eine verbitterte, verwirrte alte Frau, nicht sehr weise,
unsicher in ihrem Verhalten, ihren Bewegungen,
mit leeren, weitblickenden Augen.
Eine Frau, die beim Essen sabbert.
Eine Frau, die keine Antwort gibt, wenn Du mit lauter Stimme sagst:
Ich möchte, daß Sie es versuchen!
Sie scheint die Dinge um sie herum nicht zu bemerken.
Sie scheint immer etwas zu vermissen, verloren zu haben,
einen Strumpf, einen Schuh oder irgend etwas anderes.
Sie läßt Dich tun, was Du willst, ob sie will oder nicht.
Mit Baden und Füttern wird der Tag ausgefüllt.

Ist es das, was Du denkst, was Du siehst?
Dann öffne Deine Augen, Schwester!
Du siehst mich gar nicht!

Ich will erzählen, wer ich bin, auch wenn ich hier so still sitze,
gewöhnt an Deine Befehle, Deinen Willen über mich ergehen lasse,
alles schlucke.

Ich bin ein *kleines Kind*, eines von zehn Kindern, mit Vater und
Mutter, Brüdern und Schwestern, die einander liebhaben.

Ein *junges* Mädchen von 16 Jahren mit Flügeln an den Füßen, träumend, daß sie bald einen Liebhaber finden wird oder treffen.

Eine Braut schon mit 20 Jahren – mein Herz macht einen Sprung, wenn ich an den Treueschwur denke, den ich versprach zu halten.

Mit 25 Jahren habe ich eigene Kinder, die mich brauchen, die ich beschützen muß.
– Glückliches Zuhause! –

Eine Frau von 30 Jahren, meine Kinder werden nun schnell groß. Sie gehen dauernde Bindungen ein.

Mit 40 Jahren, meine Söhne sind nun erwachsen und wollen eigene Wege gehen.
Aber mein Mann ist noch bei mir und nimmt mir die große Traurigkeit.

Mit 50 Jahren, wieder spielen Kinder um mich herum; wir lieben sie, und sie lieben uns.
Schwere Tage kommen über mich. Mein Mann stirbt.
Ich sehe in die Zukunft. Es schaudert mich vor Angst und Schrecken. Meine Kinder sind mit ihrem eigenen Leben und der Erziehung ihrer eigenen Kinder beschäftigt.
Ich denke an die Jahre und die Liebe, die ich erlebt habe.

Nun bin ich *eine alte Frau*. Die Natur ist grausam.
Sie scheint sich über das Alter lustig zu machen. Der Körper ist verschrumpelt, Anmut und Kraft sind dahin. Da, wo früher ein Herz war, ist jetzt ein Stein. Aber im Inneren dieser alten Hülle wohnt immer noch das junge Mädchen. Und jetzt und immer wieder schwillt mein mitgenommenes Herz.
Ich denke an die Freude, ich denke an den Schmerz, und ich liebe das Leben, immer immer wieder.
Ich denke an die wenigen Jahre, die zu schnell vergangen sind.
Ich nehme die nackte Tatsache hin – nichts kann immer dauern!

Schwester, öffne Deine Augen? Öffne sie und sieh!
Schau nicht auf irgendeine unsichere alte Frau.
Schau ganz genau – schau auf mich!
(Text einer 99jährigen, in: Baumgartner 1995)

Dieses Gedicht zeigt, daß nur, wenn wir die Biographien der alten Frauen, die wir pflegen und betreuen, kennen, ihre verschiedenen Verhaltensweisen und ihre Bedürfnisse nachvollziehbar werden. Und wir können dann diese Frauen als Frauen mit ihrer individuellen Geschichte, die sie geprägt hat, wahrnehmen und auf ihre Bedürfnisse eingehen. Nur so wird es uns möglich sein, bei zum Beispiel desorientierten Frauen herauszufinden, wie wir ihnen eine Struktur schaffen können, in der sie sich zurechtfinden, bzw. worüber sie desorientiert sind. Es ist weiterhin notwendig, die Biographie der Frauen zu kennen, um sie nicht unwissend in ihrer Würde und in ihren Grenzen zu verletzen.

Dort, wo keine Biographiearbeit geleistet wird, werden die alten Frauen in Beschäftigungstherapien pauschal beschäftigt, die keinerlei Bezug zu ihrem Leben haben. In Bastelgruppen sollen sie Bilderbücher ausmalen, zu den entsprechenden Feierlichkeiten des Jahres Laternen, Engel, Masken basteln, Seidenmalereien anfertigen usw. Sie werden in den sogenannten Realitätsorientierungstrainings so „spannende" Sachen gefragt wie: „Wie heißt unser Bundeskanzler?" (die Antwort hierauf ist oft: „Adenauer" und ein Hinweis auf zeitliche Desorientierung), welches Wetter haben wir, welcher Tag ist heute. Ich denke, diese Fragen haben für alte Frauen, die im Heim leben oder sich kurzfristig in einem Krankenhaus befinden, keine große Relevanz und auch die oben genannten Beschäftigungsformen werden meines Erachtens den wenigsten gerecht.

Es ist oft nicht möglich, die einzelne, individuelle Biographie einer alten Frau unter dem Gesichtspunkt früherer sexualisierter Gewalterfahrungen von den Betroffenen selbst zu erfahren, da erst die Generation Frauen, die mit der neuen Frauenbewegung aufgewachsen ist, bzw. die Frauen, die sie mitbegründet haben, es gelernt und die Möglichkeiten geschaffen haben, über sexualisierte männliche Gewalt, wie zum Beispiel Vergewaltigung in der Ehe, sexuelle Traumatisierung in der Kindheit usw. öffentlich zu sprechen und sie zu verarbeiten. (Erst Anfang der 80er Jahre gründeten sich – hervorgehend aus der Frauenbewegung – die ersten „Wildwasser"-Selbsthilfegruppen, in denen sich Frauen zusammenschlossen, die in der Kindheit sexuell traumatisiert worden sind.) Aber auch viele der jüngeren Frauen verdrängen ihre sexualisierten Gewalterfahrungen, da es oft zu schmerzhaft ist, sie zu erkennen und gegebenenfalls zu bearbeiten.

Die meisten der alten Frauen allerdings, die uns auf den Pflege- stationen im Altenheim und Krankenhaus begegnen, haben nie gelernt, öffentlich über sich zu sprechen, haben gelernt, diesen Teil ihrer Geschichte zu verdrängen. Sexualisierte männliche Gewalt konnte daher nicht verarbeitet werden. Es sollte, wollte und durfte niemand erfahren, was mit ihnen geschehen war. Zu scham- und schuldbesetzt war – und ist es auch heute noch – für eine Frau, vergewaltigt und / oder als Mädchen sexuell traumatisiert worden zu sein. Den Opfern lastet stets der Makel an, die Vergewaltigung ja eigentlich selbst gewollt und provoziert zu haben. Ausnahme hierbei sind sicherlich die Vergewaltigungen deutscher Frauen von Rotarmisten im Jahre 1945. Das Naziregime hatte die deutsche Öffentlichkeit schon darauf vorbereitet, daß russische Soldaten „Untermenschen" seien, die nichts anderes im Sinn hätten, als deutsche Frauen zu vergewaltigen.

Und so werden diese jetzt 60- bis 100jährigen Frauen auch heute selten darüber sprechen können.

Aber viele Verhaltensweisen, Reaktionen und Botschaften lassen uns erahnen, was diesen Frauen geschehen sein mag. Wenn wir die individuelle Biographie einer alten Frau nicht erfahren, so macht doch die Erforschung von Frauengeschichte deutlich, daß die heute alten Frauen zusätzlich durch die Massenvergewaltigungen und Zwangsprostitutionen während und nach dem Zweiten Weltkrieg massiv sexualisierter Gewalt in ihrem Leben ausgesetzt waren.

Und besonders schwierig ist es oft, die Biographie älterer Migrantinnen zu erfahren; auch weil wir uns in anderen Kulturen und deren Geschichte meist weniger auskennen. Aber auch hier ist genauso daran zu denken, daß diese Frauen ebensolche Gewalterfahrungen haben können, wie deutsche Frauen.

Gerade in der stationären Altenpflege können viele Situationen auftreten, die eine alte Frau an ihre sexualisierte männliche Gewalterfahrung erinnern lassen (können) bzw. ebenso sexualisierte Gewalt darstellen (können). Um dies zu vermeiden, ist es notwendig, die Geschichte dieser Frauen zu kennen.

3. Sexualisierte männliche Gewalt gegen Frauen

Gewalt gegen Frauen:
„... ist all das, wodurch es Frauen aufgrund ihres Geschlechts
verwehrt bleibt, ihre Fähigkeiten und Entwicklungsmöglichkeiten zu
realisieren ... Es wird ... zwischen struktureller und personaler
Gewalt unterschieden. Die strukturelle G. ist mit der Ideologie der
Minderwertigkeit, Verachtung und dem Objektverständnis der Frau
und einem sich durch alle gesellschaftlichen Bereiche hindurch-
ziehenden Überlegenheitsanspruch des Mannes verbunden.
Unter personaler Gewalt werden direkte Angriffe
auf den Körper von Frauen verstanden:
Vergewaltigungen von Frauen und Mädchen, körperliche
Mißhandlungen und Frauenmord."
(Hervé / Steinmann / Wurms, 1985, S. 195)

Sexismus:
„ ... ist die Diskriminierung von Menschen aufgrund ihres
Geschlechts ... , Sexismus war immer Ausbeutung, Verstümmelung,
Vernichtung, Beherrschung, Verfolgung von Frauen.
Sexismus ist gleichzeitig subtil und tödlich und bedeutet die
Verneinung des weiblichen Körpers, die Gewalt gegenüber dem Ich
der Frau, die Achtlosigkeit gegenüber ihrer Existenz, die Enteignung
ihrer Gedanken, die Kolonialisierung und Nutznießung ihres
Körpers, den Entzug der eigenen Sprache bis zur Kontrolle ihres
Gewissens, die Einschränkung ihrer Bewegungsfreiheit,
die Unterschlagung ihres Beitrages zur Geschichte
der menschlichen Gattung."
(Marielouise Janssen-Jurreit, zitiert nach Hervé / Steinmann / Wurms,
1985, S. 409)

Sexualisierte männliche Gewalt gegen Frauen ist überall zu finden
und hat viele Formen. Sie beginnt mit männlich dominierter sexisti-

scher Sprache, die uns Frauen überall begegnet, Frauen diskriminiert, Frauen an letzte Stelle stellt oder Frauen gar nicht benennt und sprachlich Gewalt gegen Frauen verharmlost. Dazu gehören solche Begriffe wie „sexueller Mißbrauch", „sexuelle Übergriffe", „sexuelle Belästigung". Mit diesen Begrifflichkeiten wird nicht deutlich, daß es um Gewalt gegen Frauen geht, sondern sie vermitteln das Bild einer lediglich sexuellen Entgleisung.

„Wo Gewalt nicht als Gewalt benannt wird, verschwindet sie – ebenso wie die Täter. Und wo ein Gewalttäter nicht als solcher benannt wird, gibt es auch kein Opfer, das diese Gewalt erleiden mußte. Die Gewalttat selbst wird mit den gängig verwendeten Begriffen zu ihrer Verharmlosung in den Bereich der „Sexualität" des Täters verschoben, als „sexuelles Fehl-Verhalten" maskiert und so als „Ausrutscher" gewertet und (eben nicht) bestraft." (Luka, 1998, S. 9)

Wie ich später im Text noch deutlich machen werde, geht es den Tätern allerdings nicht um Sexualität, sondern um Macht und Gewalt gegen Frauen. Um dies jederzeit deutlich zu machen, benutze ich den Terminus „sexualisierte männliche Gewalt gegen Frauen". (vgl. ebd., S. 8 f)

Sexualisierte männliche Gewalt gegen Frauen schließt für mich auch sexistische Witze und sexistische Werbung ein, die Frauen dazu bringt, sich dem Schönheitsideal von Männern durch Kuren und „Selbstverstümmelungen" wie Schönheitsoperationen und Diäten anzupassen.

Jährlich werden in der Bundesrepublik circa drei Millionen Packungen Appetitzügler und Schlankheitsmittel – meist an Frauen – verkauft (vgl. Schmidt 1994, S. 15). Diäten gehen oft auch mit dem Mißbrauch von Laxantien und Diuretika (Abführ- und Entwässerungsmedikamente, die zu einer Gewichtsreduzierung eingenommen werden) einher.

Frauen haben diese Normen verinnerlicht und tun sich so selbst Gewalt an, um die männlichen Ansprüche, die Schönheit, Jugendlichkeit und Schlanksein verlangen, zu erfüllen.

Sexualisierte männliche Gewalt gegen Frauen ist Androhung sexualisierter Gewalt; jeder Mann hat die Macht, eine Frau zu vergewaltigen und sie danach (manche sogar davor) zu verstümmeln und zu ermorden. Frauen gehen nur mit Angst im Dunkeln (auch Helligkeit schützt oftmals nicht) beispielsweise durch einen Park, haben Angst in Parkhäusern, U-Bahnstationen usw. Sie haben Angst vor Männern, die ihnen sexualisierte Gewalt antun können.

Sexualisierte männliche Gewalt gegen Frauen sind Anmache jeglicher Art und sexistische Beschimpfungen. Wenn Frauen sich verbal wehren gegen Hinterherpfeifen auf der Straße oder anmaßende Blicke, müssen sie Angst haben vor der Aggressivität von Männern, die sich damit provoziert fühlen. Männer können jederzeit körperlich gewalttätig werden, wenn sie sich nicht ernst genommen, ausgelacht, ignoriert oder sonstwie in ihrer „männlichen Ehre" gekränkt fühlen.

Sexualisierte männliche Gewalt gegen Frauen und Mädchen ist Pornographie, Sexhandel, Sextourismus und Verstümmlung weiblicher Genitalien. Die heute alten Frauen sind davon sicher nicht in diesem Maße betroffen (mit Ausnahme der Verstümmlung weiblicher Genitalien) wie jüngere, da es dies in ihrer Jugend kaum gab. Aber für die nachfolgenden Altersgruppen ist auch an diese Formen sexualisierter Gewalt zu denken. „Frauenhandel wird auch in Deutschland und Österreich zu einem immer größeren Problem. Seit der Öffnung der ehemals kommunistischen Länder hat sich der Schwerpunkt des Frauenhandels vom ‚Verkauf' asiatischer Frauen auf den Handel mit Frauen aus osteuropäischen Ländern verlagert. Deutschland und Österreich sind allein schon aufgrund der geographischen Nähe verstärkt mit diesem Problem konfrontiert." (Seager, 1998, S. 116). Deutschland ist neben den USA, Kanada, China, Australien und einigen anderen reichen Ländern eines der Hauptherkunftsländer von Sextouristen. (ebd., S. 54 f)

Sexualisierte männliche Gewalt gegen Frauen sind Vergewaltigungen – in Deutschland wird alle 15 Minuten eine Frau vergewaltigt und nur jede 5. bis 10. Frau wagt es, das Verbrechen zu melden. (vgl. Butzmühlen, 1978, S. 39) Die polizeiliche Kriminalstatistik (also lediglich angezeigte Verbrechen) von 1993 weist 6376 Vergewaltigungen, 4781 sexualisierte Nötigungen und 15.430 Fälle sexualisierte Gewalt an Kindern aus. Im gleichen Jahr gab es jedoch nur 1053 Verurteilungen wegen Vergewaltigungen und 1913 Verurteilungen wegen sexualisierter Gewalt an Kindern. (vgl. Seager, 1998, S. 117) „In den alten Bundesländern ist in jeder fünften Ehe schon mindestens einmal eine Vergewaltigung vorgekommen." (ebd., S. 107)

In der Literatur lassen sich sehr unterschiedliche Zahlen zu sexueller Gewalt gegen Frauen und Mädchen finden. Je nachdem, ob die angenommenen Dunkelziffern mit eingerechnet werden oder ob es sich um angezeigte Verbrechen handelt. Grundsätzlich ist hier sicher auch entscheidend, ob die Zahlen vor der Gesetzesänderung zur Vergewaltigung in der Ehe oder danach erhoben wurden, bzw. wieweit die öffentliche Aufklärung über sexualisierte Gewalt gegen Mädchen fortgeschritten war. Auch gibt es Zahlen, die sich an „Hochrechnungen" von Menschen, die mit Opfern sexualisierter Gewalt arbeiten, orientieren.

Sexualisierte männliche Gewalt ist sexualisierte Gewalt gegen Kinder. „ ... betrifft vor allem Mädchen. Nach Schätzungen des Bundesfamilienministeriums werden im Bereich der alten Bundesländer jährlich 200.000 bis 300.000 Kinder sexuell ausgebeutet. Die Aufklärungsrate ist sehr gering, die Dunkelziffer also hoch. Ob diese Zahlen zutreffen, ist daher nur schwer zu beurteilen, wahrscheinlich ist ein Vielfaches davon realistischer. 80 bis 90 Prozent davon sind Mädchen. Etwa 90 Prozent der Täter sind Männer, 50 bis 75 Prozent davon Familienangehörige wie Väter, Stiefväter, Großväter, Brüder, Onkel und Bekannte der Familie." (Olbricht, 1997, S. 100 f)

Das ist die alltägliche sexualisierte männliche Gewalt, denen wir Frauen ausgesetzt sind, bzw. von der wir bedroht werden. Die heute alten Frauen erlebten diese ebenso durch ihre Väter, Onkel, Brüder, Großväter, Ehemänner usw.

Es gab wie heute Vergewaltigungen in ihren Ehen. Zusätzlich Massenvergewaltigungen im und nach dem Zweiten Weltkrieg und zwischen 1945 und 1948 Zwangsprostitution deutscher Frauen bei amerikanischen Soldaten.

Gegen die häufige Annahme, daß es sich bei sexualisierter männlicher Gewalt eher um Taten von Fremdtätern handelt, spricht eine Untersuchung, die im Auftrag des Bundeskriminalamtes in Niedersachsen alle zwischen 1969 und 1972 angezeigten Sexualstraftaten untersuchte. (vgl. Kavemann/Lohstöter, 1991, S. 29). „Nur 6,2 % der betroffenen Mädchen und Frauen waren von einem völlig Fremden angegriffen worden!" (ebd. S. 29)

Kleine Mädchen werden von ihren Eltern davor gewarnt, sich auf der Straße nicht von fremden Männern ansprechen zu lassen, bzw. nicht mit ihnen mitzugehen. Vor ihren Vätern, Brüdern, Onkeln, Großvätern usw. werden sie in der Regel nicht gewarnt. Da wäre es allerdings ebenso nötig.

Sexualisierte männliche Gewalt kann jede Frau immer und überall treffen. Folgende „Ratschläge" entbehren demzufolge nicht der Logik, sind sie auch überspitzt:

„Gehen Sie nicht unbekleidet aus – das regt Männer an.

Gehen Sie nicht bekleidet aus – irgendwelche Kleidungsstücke regen immer Männer an.

Gehen Sie abends nicht alleine aus – das regt Männer an.

Gehen Sie nicht mit einer Freundin aus – einige Männer werden durch die Mehrzahl angeregt.

Gehen Sie nicht mit einem Freund aus – einige Freunde können auch vergewaltigen, oder Sie treffen einen Vergewaltiger, der erst ihren Freund angreift und dann Sie.

Bleiben Sie nicht zu Hause – Eindringlinge und Verwandte sind potentielle Täter.

Seien Sie niemals Kind – einige Täter werden durch die ganz Kleinen gereizt.

Seien Sie nicht alt – einige Vergewaltiger stürzen sich auf alte Frauen.

Verzichten Sie auf Nachbarn – die vergewaltigen häufig Frauen.

Verzichten Sie auf Vater, Großvater, Onkel oder Bruder – das sind die Verwandten, die junge Frauen am häufigsten vergewaltigen.

Um sicher zu gehen – verzichten Sie ganz auf ihre Existenz!" (Weis, 1982, S. 225)

Männer zerstören mit sexualisierter Gewalt Frauen und machen Frauen abhängig, nehmen sich auf diese Weise die Macht auf dieser Welt.

3.1. Sexualisierte männliche Gewalt gegen Mädchen

> Sexualisierte männliche Gewalt gegen Mädchen:
> „All das, was einem Mädchen vermittelt, daß es nicht als Mensch
> interessant und wichtig ist, sondern daß Männer frei über es
> verfügen dürfen; daß es durch seine Reduzierung zum Sexualobjekt
> Bedeutung erlangt; daß es mit körperlicher Attraktivität und Ein-
> richtungen ausgestattet ist, um Männern ‚Lust' zu schaffen. Hierzu
> gehört jeder Übergriff auf das Mädchen. Egal, ob es heimliche,
> vorsichtige Berührungen sind, die es über sich ergehen lassen oder
> selbst ‚vornehmen' muß, das Befühlen und die ‚fachmännische'
> Begutachtung der sich entwickelnden körperlichen Rundungen, er-
> zwungener Oralverkehr oder eine regelrechte Vergewaltigung." (Ka-
> vemann / Lohstöter, 1984, S. 10)

Otto Stender!

Und er faßt mich an
und er hält mich fest
und ich bin starr vor Angst
bin steif vor Angst
bin still vor Angst

Und er ist groß
und er ist fett
ich bin steif aus Angst
ich bin starr aus Angst
ich bin still aus Angst

Und er drückt mich
und er küßt mich
ich bin still vor Angst

ich bin steif vor Angst
ich bin starr vor Angst
Und er heißt für mich Onkel
und er war bisher freundlich
und ich bin starr aus Angst
und ich bin steif aus Angst
und ich bin still aus Angst

Und der Vater sagt: Das wird wohl
nicht so schlimm gewesen sein
stell Dich nicht so an
und ich bin starr vor Scham
und ich bin steif vor Scham
und ich bin still vor Scham

Und dann war ich Bettnässerin
mit siebzehn
und habe heute mit sechzig
noch Ekel und Angst
vor großen dicken Männern.
Margarethe."
(Luka, 1998, S. 93f.)

Ich verwende bewußt nicht den Begriff ‚sexueller Mißbrauch‘, obwohl er ein gängiger ist, da dieser Begriff impliziert, daß es, im Gegensatz zu einem sexuellen *Miß*brauch, ein Recht auf sexuellen Gebrauch
oder anderen Gebrauch von Mädchen / Kindern gibt. Auch hier geht
es um sexualisierte (meist) männliche Gewalt gegen Mädchen.

Sexualisierte männliche Gewalt (zum überwiegenden Teil an Mädchen) ist in den letzten Jahren in dieser Gesellschaft mehr und mehr
zum öffentlichen Thema geworden. Wie schon erwähnt, begann dies
Anfang der 80er Jahre durch die Gründung der „Wildwasser‘-
Selbsthilfegruppen, initiiert durch die Frauenbewegung, in der immer
mehr Frauen die Möglichkeit hatten, über ihre sexuelle Traumatisierung zu sprechen.

Sexualisierte männliche Gewalt an Mädchen ist aber keine neuzeitliche Erscheinung. Sigmund Freud schrieb im Jahre 1896 in „Zur Ätiologie der Hysterie":

„Ich stelle also die Behauptung auf, zugrunde jedes Falles von Hysterie befinden sich – durch analytische Arbeit reproduzierbar, ... ein oder mehrere Erlebnisse von vorzeitiger sexueller Erfahrung, die der frühesten Jugend angehören. ..." (zitiert nach Herman, 1993, S. 25).

Freud hatte in der analytischen Arbeit mit vielen sogenannten Hysterikerinnen herausgefunden, daß diese Frauen immer von sexualisierten Gewalterfahrungen in frühester und späterer Kindheit berichteten. Er triumphierte über seine Erforschung der Hysterie, die 2500 Jahre lang als seltsame Krankheit mit unklaren Ursachen und Symptomen galt. (vgl. Herman, 1993, S. 25)

Kaum ein Jahr nach seiner Veröffentlichung distanzierte er sich von seiner eigenen Entdeckung der Ursachen der Hysterie. Er konnte und wollte nicht mehr glauben, was er erforscht hatte, zu drastisch wären soziale Konsequenzen gewesen, die dem hätten folgen müssen. Denn Hysterie war ein sehr häufiges Krankheitsbild von Frauen. (ebd., S. 26)

„Wenn seine Patientinnen die Wahrheit gesagt hatten und seine Theorie stimmte, blieb nur die Folgerung, daß das, was er ,Perversion gegen Kinder' nannte, weit verbreitet war. Solche Dinge kamen demnach nicht nur im Pariser Proletariat vor, wo er die Hysterie zuerst erforscht hatte, sondern auch unter geachteten Familien in Wien, wo er mittlerweile praktizierte. Dieser Gedanke war schlichtweg unannehmbar. Er überstieg das Vorstellungsvermögen." (ebd., S. 26)

Dieser Gedanke übersteigt auch heute noch das Vorstellungsvermögen, wie sonst ist es möglich, daß immer noch die Diagnose „Hysterie" gestellt wird, ohne daß eine weitere Ursachenforschung erfolgt?

Im ICD-10 (Auflage 1993, S. 173) steht: „Heute jedoch scheint es günstiger, den Terminus Hysterie wegen seiner vielen unterschiedlichen Bedeutungen so weit wie möglich zu vermeiden ... Heute wird der Begriff ,dissoziative Störung' verwendet."

Diese Bezeichnung hat mittlerweile Einzug gehalten in die psychiatrische Terminologie. Aber auch hier werden meiner Erfahrung nach jüngere und ältere Frauen unterschiedlich behandelt. Wie ich schon eingangs beschrieb, und noch weiter insbesondere in dem Kapitel „Gerontopsychiatrie" darauf eingehen werde, wird bei alten, psychiatrisch auffälligen Frauen meist keine Ursachenforschung betrieben. Aus diesem Grund, denke ich, wird auch die Diagnose „dissoziative Störung" oder Posttraumatisches Belastungssyndrom nicht gestellt.

Kürzlich noch stellte die Ärztin auf der Station, auf der ich arbeite, (in meinen Augen eine außergewöhnlich gute und auch bei den PatientInnen sehr beliebte Ärztin, mit einem enormen Wissen über Altersphysiologie und Alterserkrankungen, sehr viel Einfühlungsvermögen, Geduld und Herz für alte Menschen) bei einer alten Frau diese Diagnose. Die Frau klagte ständig über Engegefühle im Hals und Druckschmerzen im Bauch. Sie hatte ständig das Gefühl, etwas Dickes im Bauch zu haben und glaubte, sie wäre chronisch verstopft. Nach ergebnislosen Abführmaßnahmen – ergebnislos insofern, als sich ihre Beschwerden nicht änderten –, wurden eine Ultraschalluntersuchung und eine Darmspiegelung bei ihr durchgeführt. Da auch diese Untersuchungen keinen Befund ergaben, sie keinen Gesprächen über ihren körperlichen Gesundheitszustand zugänglich war, erhielt sie schließlich die Diagnose „Hysterie". Es erfolgten keine psychiatrische oder psychologische Diagnostik. Daß keine weiteren Maßnahmen von seiten der Ärztin folgten sowie ihre Worte: „Die Frau hat körperlich keinen Befund, sie ist bloß hysterisch.", läßt mich vermuten, daß diese Ärztin mit dem Begriff „dissoziative Störung" oder aber deren möglichen Ursachen nicht sehr vertraut war bzw. sie auf eine alte Frau nicht anwenden konnte oder wollte.

Nur die wenigsten Frauen konnten ihre sexualisierten Gewalterlebnisse reflektieren und bearbeiten. Sie wurden mit ihren Symptomen nicht ernst genommen, als hysterisch abgetan; sie hatten damals nicht die Möglichkeiten der heutigen Generation, die Hilfe von Frauen- beratungsstellen, Frauenhäusern, Psychotherapien usw. in Anspruch nehmen zu können.

Es gibt keine Studien und Forschungen darüber, wieviele der heute alten Frauen in ihrer Kindheit durch sexualisierte männliche Gewalt traumatisiert wurden und welche Folgen daraus für sie resultierten. Nur über einige wenige, meist intellektuelle und berühmte Frauen ist es bekannt. Sie landeten in der Psychiatrie oder nahmen sich das Leben, wie zum Beispiel Virginia Woolf, englische Schriftstellerin, 1882–1941 und Sylvia Plath, amerikanische Schriftstellerin, 1932– 1963. Beide nahmen sich das Leben. Die Italienerin Adalgisa Conti 1887–1983 war 70 (!) Jahre in der Psychiatrie weggeschlossen und wurde bekannt, weil sie dort ihre Autobiographie schrieb. Ida Bauer, Wienerin, 1882–1945, wurde bekannt als Dora, eine von Sigmund Freuds Klientinnen. Anne Sexton, amerikanische Dichterin, 1928– 1974, suizidierte sich. (vgl. Pusch, 1992 u. 1996)

Die Vermutung liegt nahe, daß die heute alten Frauen mindestens ebenso häufig in ihrer Kindheit durch sexualisierte männliche Gewalt traumatisiert wurden, wie die jüngeren Frauen heute. In der Kindheit der heute alten Generation war es allerdings noch viel mehr als heute üblich, daß Kinder der „Besitz" besonders ihrer Väter waren. Ich beziehe mich hier daher auf Untersuchungen, Veröffentlichungen aus diesem und dem letzten Jahrzehnt und Gesprächen mit einer Zeitzeugin. Die Untersuchungen über Frauen in den letzten Jahren können meines Erachtens auf die heute alten Frauen übertragen werden.

Wie schon erwähnt, werden nach Schätzungen des Bundesfamilienenministeriums jährlich 200.000 bis 300.000 Kinder, zum weitaus größten Teil Mädchen, von meist mit ihnen in verwandtschaftlicher oder bekanntschaftlicher Beziehung stehenden Männern durch sexualisierte Gewalt traumatisiert. (vgl. Olbricht, 1997, S. 100)

Das kleine Mädchen, das – oft jahrelang – vom Vater, Bruder usw. traumatisiert wurde, konnte sich dem nicht entziehen. Es konnte nicht für sich selbst sorgen und sich nicht schützen. Es war also weiterhin auf den Schutz der Erwachsenen angewiesen, die ihr sexualisierte Gewalt antaten. Es mußte versuchen, sich das Vertrauen in die Erwachsenen zu bewahren, mußte versuchen, Sicherheit zu erlangen in einem Umfeld, in dem es keine Sicherheit gab. (vgl. Herman, 1993, S. 135)

Diese Mädchen wurden dadurch früh zu „gespaltenem" Denken erzogen. Hinzu kommt, daß ihnen einerseits von den Erwachsenen vermittelt wurde, daß ihre „Unschuld" und Jungfernschaft ihr höchstes Gut sei und früh die „Unschuld" zu verlieren etwas Unehrenhaftes wäre. Andererseits wurde ihnen genau von diesen Erwachsenen – oft von den Vätern – diese „Ehre" genommen. Die, die ihnen vermittelten, daß sie sie lieben und beschützen, taten ihr sexualisierte männliche Gewalt an.

Eine Frau, geboren 1921, (die namentlich nicht genannt sein möchte; ich nenne sie hier Frau K.W.), die ich 1996 in Köln kennenlernte und die den Zweiten Weltkrieg mit ihrer kleinen Tochter erlebt hat, erzählte mir, daß sie von ihrem Vater sexuell traumatisiert wurde, als sie ein kleines Mädchen war. Diese Erlebnisse hatte sie jahrelang so sehr verdrängt, daß sie sie nicht mehr bewußt erinnern konnte. Sie war später in der Frauenbewegung aktiv und konnte sich in diesem sie stärkenden sozialen Umfeld mit ihrer erlebten sexuellen Traumatisierung durch ihren Vater auseinandersetzen. Für eine Frau ihrer Generation ist sie einen ungewöhnlichen Weg gegangen, indem sie sich nicht in die Abhängigkeit zu Männern begeben hat, in der Frauenbewegung und auch darüber hinaus politisch aktiv war und ist und ihre Geschichte hat reflektieren können.

Auch Frau K.W. machte mir in diesen Gesprächen deutlich, daß es für Frauen – besonders ihrer Generation – fast unmöglich ist, über sexualisierte männliche Gewalt zu sprechen, weil es immer damit verbunden sei, daß Frauen die Schuld dafür bei sich suchten, um weiterhin mit dem Täter – hier dem Vater – leben zu können. Wenn diese Frauen Mütter sind, sei es ihnen nicht möglich, ihren Kindern davon zu erzählen. Die eigenen Kinder wollten in der Regel die Geschichte der Mutter nicht kennen, es würde das Bild der guten, perfekten Mutter ins Wanken bringen. Mütter, die selbst sexuell traumatisiert worden seien und das verdrängen müssten, könnten so auch nicht die sexuelle Traumatisierung der Tochter sehen. Dadurch sei es für eine Mutter oft nicht möglich, die eigene Tochter zu schützen, und dies führe später häufig zu heftigen Konflikten, Vorwürfen und Zerwürfnissen zwischen Tochter und Mutter. Töchter klagten später oft ihre Mütter an mit den Worten: „Warum hast Du mich nicht geschützt?" und hassten ihre Mütter, weil sie sich von ihnen verraten fühlen. Die Mütter konnten ihre Töchter nicht schützen, weil sie sich doch selbst nicht schützen konnten und ihre eigene sexuelle Traumatisierung verdrängen mußten. Auch könnten sich diese Frauen kaum vorstellen, daß ihre Väter und auch ihre Ehemänner ihren Töchtern sexualisierte Gewalt antun, glaubten sie doch an einen Einzelfall, bzw. daran, daß sie damals selbst die Schuld an der Tat des Täters trugen. Die Töchter suchten wiederum auch die Schuld bei sich, sprechen nicht über ihre Erlebnisse mit ihren Müttern, schämen sich und verhindern mit ihrem Schweigen auch das Auseinanderfallen der Familie.

Daß so viele Männer zu dieser sexualisierten Gewalttat fähig sind, ist erst in den letzten Jahren mehr und mehr an die Öffentlichkeit und ins Bewußtsein gedrungen.

Und so führt männliche sexualisierte Gewalt nicht nur zu Schädigungen der Frau, die sie erfährt, sondern auch zur Trennung zwischen den nachfolgenden Frauengenerationen.

Eine Solidarität von Frauen gegen Männergewalt ist daher nicht möglich und von Männern natürlich nicht erwünscht. Wenn Frauen sich solidarisieren könnten gegen die sexualisierte Gewalt von Männern und gegen deren perfiden Zerstörung der Frauenbeziehungen, würden Männer keine Macht mehr haben. Sie könnten uns Frauen nicht mehr beHERRschen, weder im privaten noch im öffentlichen Leben. In Solidarität miteinander würden Frauen es nicht mehr zulassen, daß Männer die besseren und höher bezahlten Arbeitsplätze haben, daß Vergewaltiger geschützt werden, daß sie die Politik dominieren und Krieg gegen die Umwelt und andere Menschen führen. In einer von Männern dominierten Arbeitswelt, mit fast ausschließlich männlichen Vorgesetzten, ist es für Frauen nur in Solidarität miteinander möglich, sich dagegen zu wehren, daß zum Beispiel ein Mann für die gleiche Arbeit, die eine Frau verrichtet, ein größeres Gehalt bekommt.

Diese durch männliche sexualisierte Gewalt vollzogene Trennung zwischen Frauen ist sicherlich auch ein Aspekt, den Pflegende in der täglichen Arbeit mit alten Frauen und ihren Töchtern bedenken sollten, wenn sie sich darüber wundern und mit Schuldzuweisungen manchmal schnell bei der Hand sind, wenn Töchter sich um ihre Mütter nicht ausreichend zu kümmern scheinen.

3.2. Vergewaltigungen

Vergewaltigung:
„Allgemein: Gewaltausübung gegen den erklärten Willen derer,
an denen sie ausgeübt wird. Meistens gebraucht für die sexuelle
Gewaltausübung von Männern an Frauen gegen deren Widerstand."
(Hervé / Steinmann / Wurms, 1985, S. 449)

Auf Vergewaltigung steht lebenslänglich.
Für die Frau,
denn sie muß immer damit leben."
(vgl. Verena Stefan, 1975)

Aus jeder Epoche der Menschheitsgeschichte wissen wir, daß Männer
Frauen und Mädchen vergewaltigt und sexuell traumatisiert haben.
(vgl. Brownmiller, 1980)

Susan Brownmiller beschreibt dies in ihrem inzwischen zum Stan-
dardwerk gewordenen Buch „Gegen unseren Willen". Zum Ursprung
von Vergewaltigungen schreibt sie: „Die Entdeckung des Mannes,
daß seine Genitalien als Waffe zu gebrauchen sind, um damit Furcht
und Schrecken zu verbreiten, muß neben dem Feuer und der ersten
groben Steinaxt als eine der wichtigsten Entdeckungen in prähisto-
rischer Zeit angesehen werden. Ich glaube, daß Vergewaltigung seit
eh und je eine überaus wichtige Funktion innehat. Sie ist nicht mehr
und nicht weniger als eine Methode bewußter systematischer Ein-
schüchterung, durch die alle Männer alle Frauen in permanenter
Angst halten." (Brownmiller, 1980, S. 22)

Frauen waren zudem Ware, wurden an die zukünftigen Ehemänner
verkauft; sie wechselten aus dem Besitz des Vaters in den des Eheman-
nes. Dies gibt es in manchen Kulturen auch heute noch.

Daß Frauen im und nach dem Zweiten Weltkrieg von russischen Soldaten vergewaltigt wurden, ist allgemein bekannt und im Bewußtsein auch von Pflegenden. Wenn alte Frauen in Heimen und Krankenhäusern davon berichten, daß sie während dieser Zeit keinen Kontakt mit russischen Soldaten hatten, wird nicht weiter darüber nachgedacht, ob sie in anderen Zeiten oder von anderen Männern vergewaltigt und sexuell traumatisiert wurden. Nicht vergessen werden darf, daß in Deutschland alle 15 Minuten eine Frau vergewaltigt wurde und wird und mindestens 270.000 Mädchen pro Jahr sexuell traumatisiert werden (vgl. Olbricht, 1997).

Männer vergewaltigen ohne Rücksicht auf Alter und Aussehen einer Frau. Sie vergewaltigen junge und alte, kranke, behinderte, demente, dicke und dünne Frauen. Es ist völlig egal, ob eine Frau „aufreizend" gekleidet ist oder nicht. Warum das so ist und Frauen sich demzufolge vor Vergewaltigung durch ihr Verhalten oder Aussehen nicht schützen können, ist in der Literatur hinreichend beschrieben: „Im Zusammenhang mit der Erforschung der Ursachen sexueller Gewalt fanden Groth und Hobson keine Indizien für eine sexuelle Motivation von sexueller Gewalt. Alle untersuchten Männer waren sexuell aktive Personen; niemand vergewaltigte, weil er kein anderes Ventil für seine sexuellen Bedürfnisse hatte. Die Ergebnisse widerlegen das Vorurteil, die Tat sei ein sexuell befriedigendes Erlebnis für den Täter. Befriedigung beziehen die Täter vielmehr durch die Ausübung von Macht. Eine Vergewaltigung ist kein ‚entgleistes' Sexualverhalten, sondern ein Gewaltverbrechen. Ziel ist die Demütigung und Unterdrückung von Frauen." (Kroll, 1992, S. 46 f)

Vergewaltiger lehnen meist die Verantwortung für ihre Tat ab, suchen andere Umstände als Erklärung / Rechtfertigung, indem sie sich auf ihre „natürlichen" Triebe berufen und sie deshalb kaum Schuld trifft. (vgl. Butzmühlen, 1978, S. 19 ff)

Die Schuld wird den Frauen angelastet, sie hätten durch ihr Verhalten die Vergewaltigung sogar gewollt. Eine Frau, die Nein sage, meine eigentlich Ja. Diese Vorstellungen von Männern, eine Frau hätte sie so gereizt, daß sie gar nicht anders konnten, haben Auswirkungen auf die Frauen. Wenn Frauen jahrtausendelang eingeredet wird, sie tragen die Schuld, glauben sie es irgendwann selbst.

„Und noch als Betroffene sucht die Frau die Schuld bei sich, denn auch sie hat die Mär vom ewig lockenden Weib verinnerlicht: die Frau animiert zur Tat allein durch ihre Existenz!

Ist es nicht so, daß Männer krank werden, wenn sie's nicht bekommen, daß es sich staut und heraus muß? Schuldgefühle, weil allmächtige Männertriebe unbefriedigt bleiben? Fast scheint es verdammte Frauenpflicht und Schuldigkeit zu sein, dem Triebmythos die notwendigen Prostituierten zu stellen!" (Brownmiller, 1980, S. 10)

Diese von Frauen verinnerlichte Schuld läßt Gefühle wie Wut, Aggression und Anklage gegen die Täter nicht zu, so daß Frauen an diesen unterdrückten Gefühlen erkranken und leiden. Dies wirkt sich auch auf ihre späteren Beziehungen aus, bzw. sie lösen sich auch später nicht aus gewalttätigen Beziehungen, da sie auch hier die Schuld bei sich suchen.

Es ist ein sehr beschwerlicher Weg für Frauen, sich aus dieser „Schuld" zu befreien und für ihre Rechte zu kämpfen.

„Vergewaltigung ist nicht nur ein Angriff auf den Körper einer Frau, sondern auch eine psychische Verletzung und eine Verletzung ihres Rechts auf sexuelle Selbstbestimmung. Frauen empfinden eine Vergewaltigung als einen Angriff auf ihr Leben, der mit Todesangst verbunden ist. Eine Vergewaltigung ist ein massiver Eingriff in das Leben jeder Frau . . . Vergewaltigung beeinflußt auch die Frau, die noch nie in ihrem Leben vergewaltigt worden ist, denn es gibt nur wenige Frauen, die keine Angst vor Vergewaltigung haben. Die soziale Kontrolle, die vermittelt über die Angst ausgeübt wird, beschneidet die Freiheit aller Frauen. Die Angst vor Vergewaltigung läßt die Frau beim Mann Schutz suchen. Vergewaltigung verstärkt daher Institutionen wie die Ehe und damit die Abhängigkeit der Frau vom Mann." (Butzmühlen, 1978, S. 17)

Die heute alten Frauen waren meist noch mehr darauf angewiesen zu heiraten als jüngere Frauen heute. Ihre finanzielle Existenz hing vom Mann ab, da sie in ihrer Jugend kaum auf ein eigenständiges Einkommen zurückgreifen konnten. Mädchen durften nur selten einen Beruf erlernen, sie mußten sich lediglich auf die Ehe vorbereiten. So hatten sie existentiell kaum Möglichkeiten, ein selbstbestimmtes Leben zuführen. Viele Frauen berichten, daß sie sich in der Ehe gezwungen sahen, ihrem Gatten pflichtgetreu ihren Körper zur Verfügung zu stellen. Erst am 1.7.1977 gab es die Reform des Eherechts, nach der der Begriff „eheliche Pflichten" nicht mehr existiert. Die alten Frauen sind allerdings mit diesem Rechtsbegriff aufgewachsen. (vgl. Schmidt, 1989, S. 8) Und im § 177, Abs. 1 des Strafgesetzbuches ist definiert: „Wer eine Frau mit Gewalt oder durch Drohung mit gegenwärtiger Gefahr für Leib oder Leben zum *außerehelichen* (Hervorhebung d. A.) Beischlaf mit ihm oder einem Dritten nötigt, wird mit Freiheitsstrafe nicht unter 2 Jahren bestraft." § 178: „Setzt der Täter sein Opfer psychisch unter Druck, hat er den Straftatbestand nicht nur erfüllt, wenn er den tatsächlich geleisteten Widerstand des Opfers bricht, sondern auch dann, wenn durch sein Verhalten bei dem Opfer das Gefühl geweckt wird, jeder Widerstand sei sinnlos."

Jährlich flüchten ca. 40.000 Frauen in ein Frauenhaus. Eine Umfrage des Bundesministeriums für Jugend, Familie, Frauen und Gesundheit von 1986 ergab, daß von den in Frauenhäusern befindlichen Frauen 50–70 % von ihren Ehemännern einmal oder mehrfach vergewaltigt worden waren. (ebd., S. 10) Viele Frauen gehen gar nicht in Frauenhäuser, ertragen ihr Schicksal im Stillen aus Angst vor erneuter Gewalt der Ehemänner, verlassen ihre Ehemänner auch heute oft nicht – zumeist aufgrund der ungesicherten finanziellen Existenz. Wie hätten sich die heute alten Frauen gegen eheliche Gewalt wehren und sich ihr entziehen können? Frau K. W. zum Beispiel erhält heute 700 DM Rente, von der sie leben muß. Sie war 35 Jahre erwerbstätig, konnte aber nur 22 Jahre lang Rentenbeiträge einzahlen.

Da das Gros der Vergewaltiger aus dem nächsten und nahen sozialen Umfeld der betroffenen Frauen kommt („ ... jede siebte Frau im Alter zwischen 20 und 59 Jahren in Deutschland schon einmal Opfer sexueller Gewalt geworden ist. Zwei Drittel der betroffenen Frauen sahen sich demnach der sexuellen Gewalt eines männlichen Familienmitgliedes oder einer anderen nahen männlichen Bezugsperson ausgesetzt ...") (Seager, 1998, S. 107) wurde schließlich im Jahre 1997 auch erzwungener ehelicher Beischlaf als Vergewaltigung strafbar, nachdem die Frauenbewegung jahrelang um diese Gesetzesänderung gekämpft hat. Allerdings werden Vergewaltigungen „widerstandsunfähiger" Personen, also geistig und körperlich behinderter Frauen, niedriger bestraft, als die Vergewaltigung „widerstandsfähiger" Personen. (ebd, 1998, S. 108)

3.3 Vergewaltigungen im Zweiten Weltkrieg

> „Frauen sind Kriegsbeute und Trophäe des Siegers,
> Vergewaltigung ist ein Vergeltungsakt." (Sander, 1995, S. 21)

In jedem Krieg wurden und werden massenhaft Frauen vergewaltigt, Frauen des Feindes. In früheren Religionskriegen war das so, im Ersten Weltkrieg, im Zweiten Weltkrieg, wie auch im Krieg in Vietnam, in Bangladesch, im amerikanischen Unabhängigkeitskrieg, im ehemaligen Jugoslawien usw. Vergewaltigt wird in Kriegszeiten immer und überall, unabhängig von Nationalität und geographischer Lage. (vgl. Brownmiller, 1980)

In den letzten Kriegs- und ersten Nachkriegswochen des Zweiten Weltkrieges gab es Massenvergewaltigungen in Deutschland. Da es auch zu diesem Thema wenig Materialien gibt, beziehe ich mich hier im wesentlichen auf das Buch von Helke Sander „BeFreier und Befreite". Sie befragte in Berlin Hunderte von Frauen und recherchierte in NS-Dokumenten und Dokumenten des Statistischen Bundesamtes. Es waren nicht nur sowjetische Soldaten, die deutsche Frauen und Mädchen vergewaltigten, auch Amerikaner, Engländer und Franzosen vergewaltigten. Allein in Berlin waren es laut Recherchen von Helke Sander zwischen Frühsommer und Herbst 1945 mehr als 110.000 Frauen, die vergewaltigt wurden. (vgl. Sander, 1995, S. 54)

„Es wurden sehr viele junge Mädchen vergewaltigt. Ich sprach mit sehr vielen, die damals 13, 14 Jahre alt waren und keine Ahnung hatten, was mit ihnen geschah. Bei vielen führte das dazu, daß sie später nie mehr mit einem Mann schlafen konnten und ‚Abscheu gegen den sexuellen Akt überhaupt' entwickelten. Normalerweise haben diese Mädchen mit niemandem darüber sprechen können." (ebd., S. 16 f)

Viele der von Helke Sander befragten Frauen schätzten, daß 60–70 % aller Frauen in Berlin vergewaltigt wurden, das wären über

800.000 Frauen allein in Berlin. Genaue Zahlen können nicht ermittelt werden, ca. 40 % der vergewaltigten Frauen erlitten Mehrfachvergewaltigungen. (ebd., S. 15 ff)

„Eine Frau erzählte: ‚Die Vergewaltigungen von Frauen waren an der Tagesordnung. Es war egal, ob es Kinder oder Greisinnen waren. Eine 14jährige mußte ihren Kopf auf einen Stein legen und mehrere Männer über sich ergehen lassen, die sie mit einer Geschlechtskankheit infizierten. Die Frauen waren wehr- und damit rechtlos. Nacht für Nacht schrien Frauen nach dem Kommandanten, der natürlich nirgends zu finden war'". (ebd., S. 24)

„Frauen versuchten, sich vor Vergewaltigungen zu schützen, indem sie sich dem Kommandanten der russischen Soldaten prostituierten, dessen Schutz sie dann hatten. Eine andere Möglichkeit war, sich zu verstecken, sich nicht zu waschen und in Lumpen zu kleiden, um Vergewaltiger abzuschrecken. Ansonsten waren Vergewaltigungen gar nicht zu vermeiden." (ebd., S. 24)

Aus den vielen Berichten der Frauen geht hervor, daß die Vergewaltigungen zum größten Teil in aller Öffentlichkeit passierten und daß zumeist mehrere Soldaten die Gewalttaten gemeinsam verübten.

„Laut Dr. Gerhard Reichling, Statistiker und Experte für Bevölkerungsverluste, wurden 1,9 Millionen deutsche Frauen und Mädchen während des Vormarsches bis Berlin von Männern der Roten Armee vergewaltigt, davon 1,4 Millionen in den ehemaligen deutschen Ostgebieten und während Flucht und Vertreibung." (ebd., S. 58)

Helke Sander hat in ihrem Buch „BeFreier und Befreite" Frauen interviewt, geboren zwischen 1909 und 1930, die ihre Vergewaltigungen überlebt haben und davon erzählten. Viele von ihnen wurden mehrfach vergewaltigt, eine erzählte von 10 Russen hintereinander. „... das hat mein ganzes Leben als Frau geprägt. Ich habe mir geschworen, alleine zu bleiben." (ebd. S. 88)

Sie wurden vergewaltigt auf der Straße, in Kellern, in Wohnungen, wo Kinder und andere Menschen zuschauen mußten bzw. nacheinander auch vergewaltigt wurden. (ebd. S. 88)

„Den Eltern habe ich nichts erzählt, ich habe mich geschämt. Mein Mann hat später gesagt, wenn Du ein Kind davon gehabt hättest, wäre ich gegangen ..." (ebd., S. 89)

„Als ich meinem Mann davon berichtete – ich hatte ja keinerlei Schuldgefühle – führte es fast zu einer Katastrophe: Er reagierte derart heftig, daß ich um den Fortbestand meiner Ehe fürchten mußte. Er sagte ‚... sie hat mich gedemütigt, erniedrigt, als ich schon darniederlag, sie hat mich gepeinigt und verraten. Ahnt sie nicht, wie tief sie mich verletzt, wie weh sie mir getan, wie schwer ich ohnedies getroffen war und wund bin? Ich ersticke daran, ich reiße ihr Bild aus meinem Herzen. ...'" (ebd., S. 95)

Frauen waren die Opfer, ihre Männer fühlten sich in ihrer Ehre beschmutzt und das war es ja auch, was die Sieger wollten. „Ein Vater schickte seine vergewaltigte Tochter mit den Worten ‚Ehre verloren – alles verloren' in den Tod. Er überreichte ihr persönlich den Strick zum Erhängen." (ebd., S. 31)

„Schändung durch die Sieger zerstören bei den unterlegenen Männern alle noch verbliebenen Illusionen von Macht und Besitz. Der vorübergehende Besitzwechsel der geschändeten Frau als Siegesbeute vermindert den Wert der Frau als potentielles Eigentum des Mannes ... Ein Makel haftet zeitlebens an ihnen." (ebd., S. 31)

Es war also damals für eine Frau klüger zu schweigen. Sie mußte das Geschehene verdrängen, hatte so nie die Möglichkeit, ihre traumatischen Erlebnisse zu verarbeiten. Um vergessen zu können, stürzten sich diese Frauen auf ihre Aufgaben als Mütter, Ehefrauen, Hausfrauen, Versorgerinnen, vergaßen sich in der alltäglichen Arbeit. Nach Kriegsende 1945 mußte Deutschland wieder aufgebaut werden, die sogenannten „Trümmerfrauen" erledigten zuerst diese Aufgabe. Da blieb keine Zeit für Trauer um die eigene Geschichte. Kinder mußten versorgt werden, Lebensmittel organisiert, die heimkommenden Männer gepflegt, versorgt und getröstet werden. (Schilling, 1996)

„Viele litten unter den Vorwürfen und Drohungen ihrer eigenen Männer mehr als unter der Vergewaltigung. Es gab Männer, die ihre Frauen und sich selbst umbrachten. Ungeklärt sind nach wie vor die ca. 70.000 Todesfälle, die nach Beendigung der Kriegshandlungen bis zum Ende des Jahres 1945 allein in Berlin als gewaltsame Todesfälle statistisch erfaßt sind." (Sander, 1995, S. 17)

„Schmerzhafte Folgen der Vergewaltigungen waren Geschlechtskrankheiten und gynäkologische Operationen. Junge Mädchen im Al-

ter von 10 bis 16 Jahren, bei denen der ganze Damm bis zum Anus auf-
gerissen war, mußten in den Krankenhäusern genäht werden. Noch
Jahre später litten Frauen an den Folgen von Vergewaltigungen. Die
Angst vor persönlicher Schande, Verzweiflung und die Haltung der
Ehemänner und Verlobten, die sich oft von ihren vergewaltigten Ge-
fährtinnen trennten, trieben viele Frauen in den Freitod." (ebd., S. 39)

Vor ein paar Wochen wurde eine 87jährige Frau auf unsere Station
eingewiesen. Sie war zu Hause gestürzt und hatte sich einen Becken-
bruch zugezogen, war bettlägerig und sollte bei uns mobilisiert, d. h.
soweit wiederhergestellt werden, daß sie zu Hause leben könnte.
Nach ein paar Tagen kam einer meiner Kollegen sehr bestürzt zu mir,
da diese Frau ihn abgewiesen und beschimpft hatte. Er war sich keiner
Schuld bewußt. Als ich mit der alten Frau sprach, erzählte sie mir, daß
sie Berlinerin sei und nach dem Zweiten Weltkrieg in Berlin von mehreren russischen Soldaten vergewaltigt worden ist. Ihr kleiner Sohn
mußte zuschauen. „Seitdem habe ich es mit Männern nicht so", sagte
sie und entschuldigte sich später bei meinem Kollegen.

Sie erzählte mir weiterhin, daß sie durch die Vergewaltigung
schwanger geworden war und mit großen Schwierigkeiten abgetrieben habe. Näheres wollte sie mir zu diesem Thema nicht erzählen. Auf
meine Frage, wie ihr Ehemann – der danach als Soldat heimkehrte –
darauf reagiert habe, sagte sie, daß sie es ihm nie erzählt habe. Auch
sei ihre Ehe mehr auf kameradschaftlicher Basis verlaufen. „Sexualität und Leidenschaft ist ja nicht alles."

Mit länger anhaltender Bettlägerigkeit (eine Mobilisierung aus dem
Bett war wegen ihrer Schmerzen nicht möglich) und ihrer Verzweiflung darüber, litt sie immer häufiger unter Halluzinationen und Alp-
träumen. In ihrer Panik – sie träumte von ihrer Vergewaltigung und
umstürzenden Häusern nach Bombenangriffen – zog sie sich häufig
ihre Infusionsnadel heraus und schrie lauthals um Hilfe. Durch trö-
stende Worte, beruhigenden Körperkontakt und Ernst nehmen ihrer
Ängste konnte sie dann wieder in die aktuelle Realität zurückkom-
men.

Da sie das Bett nicht verlassen konnte, mußte sie sich von uns Pflegenden auf die Bettpfanne helfen lassen. Ein paar Mal sagte sie, daß
sie es nicht haben wollte, daß männliche Pflegende das tun. Dann wie-

der hatte sie aber auch zu einigen männlichen Kollegen Vertrauen ge-
faßt und ließ sich auch von ihnen helfen.

Trotzdem fiel uns nach einer Weile auf, daß sie nicht mehr nach der
Bettpfanne verlangte. Es stellte sich heraus, daß ihre Blase gefüllt war
– sie wurde behutsam und von einer Pflegerin ihres Vertrauens einmal
katheterisiert. Ihre Blase war mit mehr als 1,4 Liter Urin gefüllt! Leider mußte sie daraufhin einen Dauerkatheter gelegt bekommen, den
sie sich – fast voraussehbar – wieder entfernte. Sie war bis dahin völlig
urinkontinent gewesen und von einem zum anderen Tag hatte sie diese Blasenentleerungsstörung. Mag sein, daß es hierfür eine medizini-
sche Erklärung gab. Eine mögliche Erklärung ist aber vielleicht auch,
daß sie ihren Urin einhielt, um zu vermeiden, daß Männer ihr bei dieser intimen Verrichtung halfen.

Wegen ihrer Angstzustände und zunehmenden Halluzinationen erhielt sie Haldol® in geringer Dosierung.

Sie war eine der wenigen alten Frauen, die ich in meiner Arbeit als
Altenpflegerin kennengelernt habe, die ihre psychischen Symptome
selbst mit ihrer sexualisierten männlichen Gewalterfahrung in Verbindung brachte und darüber auch offen mit mir sprach.

Wie so viele andere Überlebende war auch sie eine starke Persönlichkeit; wir mochten uns sehr gerne. Und auch bei dieser alten Frau
habe ich mir gewünscht, daß Psychotherapie ebenso selbstverständlich wie zum Beispiel Haldol® verordnet wird bzw. verordnet werden
kann.

Die Patientin wurde auf ihren Wunsch und den Wunsch ihres Soh-
nes in ein Altenheim nach Xanten verlegt.

Es gibt viele Geschichten darüber, daß es Liebesbeziehungen und
Freundschaften zwischen deutschen Frauen und russischen Soldaten
gab, Frauen überrascht darüber waren, daß ihnen die Rotarmisten
nichts antaten. Hatte doch die Nazipropaganda stets auf die Brutali-
tät der Russen hingewiesen. Auch später, 1951, schrieb Dr. Theodor
Schieder von der Universität Köln im Auftrag des damaligen Bundesministeriums für Vertriebene in einer vierbändigen Dokumentation
über Flucht und Vertreibung von Deutschen aus Ost- und Mitteleuro-
pa über Soldaten der sowjetischen Armee: „Es läßt sich erkennen, daß
hinter den Vergewaltigungen eine Verhaltensweise und Mentalität

stand, die für europäische Begriffe fremd und abstoßend wirkte, und man wird sie teilweise auf jene, besonders in den asiatischen Gebieten Rußlands noch nachwirkenden Traditionen und Vorstellungen zurückführen müssen, nach denen die Frauen im gleichen Maße eine dem Sieger zustehende Beute sind, wie Schmuckstücke, Wertgegenstände und die Sachgüter in Wohnungen und Magazinen. Ohne eine solche unter den sowjetischen Truppen verbreitete Grundhaltung wären die Formen und massenhaften Fälle von Vergewaltigungen nicht denkbar. Die Tatsache, daß sowjetische Soldaten asiatischer Herkunft sich dabei durch besondere Maßlosigkeit und Wildheit hervortaten, bestätigt, daß gewisse Züge asiatischer Mentalität wesentlich zu jenen Ausschreitungen beigetragen haben." (Brownmiller, S. 74)

Hier wird also die Nazipropaganda weitergeführt, daß nur diese Soldaten aufgrund ihrer „asiatischen Mentalität" fähig zu Massenvergewaltigungen sind.

Es wird nicht erwähnt, daß die Vergewaltigungen durch sowjetische Soldaten auch als Antwort auf die deutschen Verbrechen in ihrem Land zu sehen sind.

Wie schon im Ersten Weltkrieg, vergewaltigten Deutsche auch im Zweiten Weltkrieg Frauen überall dort, wo sie einfielen. Belegt wurde dies unter anderem bei den Kriegsverbrecher-Prozessen.

„Nach der Besetzung polnischer oder russischer Dörfer durch die Deutschen wurde stets nach dem gleichen Schema verfahren. Erste Phase der Gewaltanwendung: Plünderung vor allem der jüdischen Häuser, Aussonderung jüdischer Mädchen für Folterungen und Vergewaltigungen, oft vor den Augen der Eltern." (Brownmiller, 1980, S. 56) Die zweite Phase bestand darin, daß die jüdische Bevölkerung zusammengepfercht in Viehwaggons in Konzentrationslager gebracht wurde oder in Massenerschießungen gleich ermordet wurden. (vgl. Brownmiller, 1980, S. 56)

Datiert vom 6. Januar 1942 und als Beweismittel im Nürnberger Kriegsverbrecherprozeß vom 14. Februar 1946 wurde verlesen:[*]

---

[*] Trial of the Major War Criminals before the International Military Tribunal (42 Bde.), Nürnberg 1947 Bd. 7, S. 456 f.

„... Überall brachen die blutgierigen deutschen Verbrecher in Häuser ein, vergewaltigten Frauen und Mädchen vor den Augen ihrer Angehörigen und Kinder, verhöhnten ihre Opfer und ermordeten sie dann auf brutalste Art. In Lawow wurden zweiunddreißig Arbeiterinnen einer Kleiderfabrik von deutschen Sturmtruppen erst vergewaltigt und dann ermordet. Betrunkene deutsche Soldaten zerrten Mädchen und junge Frauen aus Lwow in den Kesciusko-Park und vergewaltigten sie ...

In der Nähe von Borissow in Weißrußland versuchten fünfundsiebzig Frauen und Mädchen bei der Annäherung deutscher Truppen zu fliehen, fielen ihnen aber in die Hände. Sechsunddreißig Frauen wurden vergewaltigt und grausam ermordet. Auf Befehl eines deutschen Offiziers namens Hummer schleppten Soldaten die sechzehnjährige L. I. Melschukowa in den Wald und schändeten sie. Kurz darauf sahen andere Frauen, die auch in den Wald geschleppt worden waren, das sterbende Mädchen, das die Deutschen auf Bretter genagelt hatten. Die Frauen, unter ihnen V. I. Alperenko und V. H. Beresnikowa, mußten zusehen, wie sie dem Mädchen die Brüste abschnitten. Beim Verlassen des Dorfes Borowka im Bezirk Zwenigorod in der Nähe von Moskau verschleppten die Faschisten mehrere Frauen mit Gewalt und rissen sie trotz ihrer Bitten und ihrer Gebete von ihren kleinen Kindern fort.

In Tichwin in der Gegend von Leningrad wurde ein fünfzehnjähriges Mädchen namens Koledetskaja mit einem Geschoßsplitter in ein Krankenhaus (ein früheres Kloster) eingeliefert, in dem auch verwundete deutsche Soldaten lagen. Trotz ihrer Verletzungen wurde das Mädchen von einer Gruppe deutscher Soldaten vergewaltigt und erlag ihren Verletzungen." (Brownmiller, 1980, S. 61)

Ähnliche Berichte vom Vorgehen deutscher Soldaten gab es auch aus Polen, Frankreich und Holland.

„Zwischen 1939 und 1945 lagen dauernd 6800 deutsche Soldaten geschlechtskrank in Lazaretten. ... Im Laufe des Krieges gab es in allen deutsch besetzten Ländern ca. 500 Wehrmachtsbordelle, um Geschlechtskrankheiten deutscher Soldaten einzudämmen. Beschlagnahmte deutsche Dokumente, 1946 bei den Nürnberger Prozessen vorgelegt, beweisen, daß von deutschen Eroberern systematisch vergewaltigt wurde, um Terror zu verbreiten: polnische, jüdische und russische Frauen wurden vergewaltigt und in vielen Fällen grausam ermordet. Hunderte von Frauen und Mädchen wurden erbarmungslos verfolgt, in Wehrmachtsbordelle getrieben und dort zur Zwangsprostitution mißbraucht." (Sander, 1995, S. 65 f)

Daß deutsche Soldaten vergewaltigten, erklärt Susan Brownmiller auch damit, „... daß es im Rahmen des Faschismus nur logisch war, wenn der deutsche Soldat durch Vergewaltigung zu beweisen suchte, daß er ein Herrenmensch sei. Vergewaltigung hat für die Deutschen ... bei ihrem Vorhaben der totalen Erniedrigung und Ausrottung ‚minderwertiger Völker' und der Festigung ihrer eigenen vermeintlichen Herrenrasse eine wichtige Rolle gespielt." (Brownmiller, 1980, S. 55)

„In einem Brief beschrieb ein deutscher Offizier zwei Monate nach Kriegsausbruch seine Eindrücke über die Situation im östlichen Polen nach dem Einmarsch der deutschen Wehrmacht. Er beobachtete schreckliche Greueltaten deutscher Soldaten an der Bevölkerung: ‚Die blühendste Phantasie einer Greuelpropaganda ist arm gegen die Dinge, die eine organisierte Mörder-, Räuber- und Plünderbande unter angeblich höchster Duldung dort verbricht... Diese Ausrottung ganzer Geschlechter mit Frauen und Kindern ist nur von einem Untermensch möglich, das den Namen Deutsch nicht mehr verdient.' Solche Greueltaten sollten sich später in noch größerem Ausmaß an der sowjetischen Bevölkerung fortsetzen." (Roberts, 1994, S. 121).

Hier wird also der deutsche „Untermensch" beschrieben.

„Schwangere Frauen in Belorußland wurden von den deutschen Besatzern mit allen anderen in die Scheune getrieben und lebendigen Leibes verbrannt. Jüdischen Frauen wurden die Säuglinge von der SS aus dem Arm gerissen und dann wurden die Kinder vor den Augen der Mütter solange mit dem Kopf gegen die Wand geschlagen, bis nur noch ein Brei aus Blut und Gehirnmasse übrig war." (Strobl, 1994, S. 93).

Das waren die Männer, Väter und Söhne deutscher Frauen, die nach dem Krieg zurück nach Hause kamen. Kaum vorstellbar, daß sie von einem zum anderen Tag ihre „Herrenmentalität" ablegten.

Einige der alten Frauen, die uns in der Pflege begegnen, sind Frauen, die im Zweiten Weltkrieg in den ehemals deutsch besetzten Ländern

gelebt haben und später vertrieben, umgesiedelt wurden oder ausge-
wandert sind und Frauen jeglicher Herkunft, die aus den unterschiedlichsten Gründen in Konzentrationslager verschleppt wurden. Bei all
diesen Frauen ist zu bedenken, daß sie sexualisierte männliche Gewalt
erlebt haben können.

Besonders Frauen, die ein Konzentrationslager der Nazis überlebt
haben, sind schwerwiegend traumatisiert.

In Kriegen sind immer und überall auf der Welt Frauen Beute und
Trophäe aller Soldaten, egal welcher Nationalität. Wenn wir uns die
alltägliche Diskriminierung und sexualisierte männliche Gewalt gegen Frauen anschauen, findet ständig überall auf der Welt Krieg statt.
Krieg gegen Frauen (siehe auch Kapitel 3).

3.4. Zwangsprostitutionen 1945 bis 1948

PROSTITUTION:

„Seit dem 15./16. Jh. ist das aus dem Lateinischen ‚prostituere‘ übernommene Fremdwort prostituieren zunächst für ‚jemanden bloßstellen, entehren‘ bekannt. ...Seit dem 18. Jh. hat sich dann, über Frankreich vermittelt, P. für den Verkauf und Kauf sexueller Dienstleistungen eingebürgert. ...so ist auch üblicherweise mit P. allein das Anbieten und Verkaufen und nicht das Kaufen des Dienstes gemeint. ...P. gab und gibt es auch als weibliche und männliche homosexuelle sowie als männlich-heterosexuelle. Überwiegend aber handelt(e) es sich um weibliche P. für Männer ...“
(Hervé / Steinmann / Wurms, 1985, S. 364)

Daß es zwischen 1945 und 1948 Zwangsprostitutionen von deutschen Frauen gab, ist wenig bekannt. Ich beziehe mich in diesem Kapitel im wesentlichen auf persönliche Gespräche mit der Zeitzeugin Erika Schilling und ihren Vortrag über dieses Thema, den sie im Kölner Frauenbuchladen 1996 hielt, wo ich sie auch näher kennenlernte.

Mit freundlicher Genehmigung von Erika Schilling gebe ich hier ihren Vortrag „Stunde Null" verkürzt wieder.

Frau Schilling hat versucht, Frauen aus ihrer Generation zu den Zwangsprostitutionen zu interviewen, um die Erlebnisse und Erfahrungen der Frauen in Buchform zu veröffentlichen. Sie hat keine Frau gefunden, die über diese Zeit erzählen wollte bzw. konnte.

"Es ist mein Anliegen, als eine der letzten Frauen meiner Generation dazu beizutragen, uns endlich eine Stimme zu geben. Viele der Frauen werden schon tot sein, andere, die noch leben, reden nicht darüber, aus welchen Gründen auch immer.

Mir scheint wichtig, noch einmal darauf hinzuweisen, mit welcher entsetzlichen Konsequenz Kinder und Frauen immer wieder für die ‚Kriegsspiele‘ des Mannes bezahlen müssen.

Im Juli 1943 wurden wir, meine Eltern, meine kleine Tochter und ich in Elberfeld ausgebombt. Die Amerikaner hatten Phosphorbomben abgeworfen. Vorbei an brennenden, rauchenden Trümmern wurden wir von Männern des Sicherheitsdienstes zur Stadthalle geleitet, wo man uns Lebensmittelkarten, etwas Geld und die Adresse des Bauern aushändigte, bei dem wir in Zukunft leben sollten. So landeten wir beim ärmsten Bauern in Stadtlauringen, wo wir bis 1949 hausen sollten.

Am 30. April 1945 wurde ich 24 Jahre alt. Mein Vater hatte Waffeln gebacken, meine kleine Tochter brachte mir einen Strauß Flieder und meine Mutter rief aus dem Nebenzimmer: ‚Ich habe noch ein Geschenk für Dich. Hitler hat sich das Leben genommen; es wurde gerade im Radio bekanntgegeben.‘

Ausgelassen vor Freude tanzten wir durch das Zimmer, ein ungeheurer Druck war von uns genommen. Da kamen auch schon die ersten Amerikaner ins Dorf gefahren. Lässig saßen sie in ihren Jeeps, die Beine hochgelegt, die Zigarette im Mundwinkel; und ab und zu hielten sie an, um einem Kind ein Stück Schokolade zu schenken, sie führten sich auf, als seien sie ‚der gute Onkel aus Amerika‘.

Bei diesen Soldaten handelte es sich um ein Vorauskommando, eine psychologisch geschulte Truppe, darunter viele Deutschamerikaner.

Das deutsche Geld verlor von einem Tag zum anderen seinen Wert, anstelle des Geldes führten die Amerikaner ihre Zigaretten als Währung ein.

Den Soldaten wurden vermutlich mehr Zigaretten ausgehändigt, als diese für sich verbrauchen konnten. Auf diese Weise wurde ein Markt geschaffen, der sich statt auf Produktion auf Prostitution aufbaute.

Für diese Entscheidung gab es zumindest drei gewichtige Gründe: Zum ersten: Konnte die Militärbehörde mit dieser Maßnahme ihre ‚Jungs‘ auch sexuell versorgen, denn sie waren ja weit weg von zu Hause. Dadurch entstand der Eindruck, daß amerikanische Soldaten im Gegensatz zu den russischen keine Frauen vergewaltigten, wozu auch, den Soldaten stand ja ein riesiges Bordell zur Verfügung.

Zum zweiten: Wird es die Moral der Truppe gehoben haben; es muß für den siegreichen amerikanischen Soldaten ein Hochgefühl gewesen sein, den deutschen Mann, den Verlierer, zu demütigen, indem er dessen Frau und / oder Tochter zur Prostituierten machte, das ‚Eigentum‘ des deutschen Mannes schändete.

Zum dritten: Meldeten die Amerikaner mit Hilfe des Zahlungsmittels Zigarette vorsorglich ihren Machtanspruch über alle drei Zonen an, denn nur die amerikanische Zigarette war offizielles Zahlungsmittel, nicht die britische und nicht die französische.

So kam es, daß die deutschen Frauen vor den Kasernen Schlange stehen mußten, ganze Familien lebten davon.

Die Folgen waren für die Frauen verheerend. Viele wurden geschlechtskrank, andere schwanger. Oft töteten sie in ihrer Verzweiflung ihr Neugeborenes, das sie meist ohne jede Hilfe in einem Trümmergrundstück zur Welt brachten.

Bekam eine Frau ein schwarzes Kind, dann konnte sie es bei den Amerikanern abgeben. Wohlhabende Schwarze in Amerika hatten eine Organisation ins Leben gerufen, über die solche Kinder zur Adoption vermittelt wurden.

In unserem Dorf gab es eine junge Frau in meinem Alter, sie war mit ihrer Mutter und zwei Kindern aus Oberschlesien geflohen. Wir hatten uns angefreundet.

Mit Beginn der Zigarettenwährung mußten wir uns etwas einfallen lassen; und so begannen wir einen schwungvollen Handel mit Fleisch, Butter und Speck.

In Frankfurt lernten wir eine Frau kennen, die an der Ecke Moselstraße / Kaiserstraße eine kleine Gastwirtschaft betrieb. Sie vermietete außerdem noch Zimmer an jüdische Männer, die mit der amerikanischen Armee nach Frankfurt gekommen waren. Formell der Armee zugehörig, wurden sie wie Soldaten mit Zigaretten versorgt.

Wir belieferten die Wirtin regelmäßig zweimal in der Woche mit Lebensmitteln, für die Zigaretten bekamen wir Holz, Kleidung und zahlten damit auch unsere Miete.

Es kam vor, daß am Frankfurter Hauptbahnhof deutsche Hilfspolizisten standen, dann mußten wir die ganze Ware stehen lassen, die Fahrt war umsonst gewesen, denn der Tausch von Fleisch gegen

Zigaretten war strafbar und wurde mit Gefängnis geahndet.

Um nach Frankfurt zu kommen, mußten wir oft stundenlang auf dem Bahnsteig stehen, ob es regnete oder schneite, wir mußten warten bis eventuell ein Zug kam.

Personenzüge fuhren selten, meist fuhren wir mit Güterzügen; und wer ein Bremserhäuschen ergatterte, war Königin, denn da war es warm und trocken. Ansonsten kletterte man auf eine Ladung Holz oder Kohle. Bekam man zurück keinen Zug, dann schlief man auf dem dreckigen Boden der Wartesäle.

Angesichts der Massenprostitution deutscher Frauen versuchte die amerikanische Militärbehörde die Gefahr von Geschlechtskrankheiten möglichst einzudämmen. Zu dem Zweck setzten sie einen cremefarbenen Mannschaftswagen mit deutschen Hilfspolizisten ein, der in Frankfurt die Kaiserstraße rauf und runter fuhr. Junge Frauen wurden einfach von der Straße weg auf den Wagen gezerrt und mitgenommen nach Hadamar, wo es ein früheres Nazilager (Psychiatrisches Krankenhaus, M.B.) gab, in dem die Nazis Behinderte und auch Prostituierte umbrachten.

Die Amerikaner behielten das Wachpersonal, denn die waren gut eingearbeitet.

Die Frauen nannten den Mannschaftswagen ,Weißer Traum'. Wenn eine von ihnen rief: ,Da kommt der weiße Traum', dann liefen viele Frauen schnell in Nebenstraßen.

Zweimal hatte ich das Pech, mitgenommen zu werden. Wir wurden eine Woche lang eingesperrt und auf Krankheiten untersucht, sie gaben uns Spritzen, die Fieber erzeugten.

Im Raum befanden sich etwa zwanzig Frauen. An den Wänden entlang standen doppelstöckige Feldbetten, ausgestattet mit einer Matratze und einem Kopfkissen, sonst nichts.

Beide Male hatte ich reichlich Zigaretten bei mir. Nun konnte ich natürlich nicht sagen, wo ich sie her hatte, denn dann hätte man mir die Zigaretten weggenommen. Ich hätte unsere Lieferanten und meine Abnehmerin in Schwierigkeiten gebracht und mich ins Gefängnis. Da ließ ich die Polizisten im Glauben, eine fleißige Prostituierte zu sein, so konnte ich wenigstens meine Zigaretten behalten, die waren ja dann ,ehrlich' erworben.

Zu Hause wunderte sich meine Mutter, wo ich blieb.

Frauen, die ohne Papiere angetroffen wurden und krank waren, kamen ins Zuchthaus Aichach.

Die Einführung der amerikanischen Zigarette als Zahlungsmittel wirkte sich für Frauen brutal aus, sie alleine waren die Opfer dieser unmenschlichen Maßnahme.

Natürlich gab es auch Frauen, die etwas zu tauschen hatten, so wie ich zum Beispiel, doch wer nichts besaß, mußte sich selbst verkaufen.

Wären wir nicht in Elberfeld ausgebombt gewesen, dann wäre mir auch nichts anderes übriggeblieben.

Als dann nach dem Krieg der eigene Mann nach Hause kam, wurden die vergangenen Jahre einfach unter den Teppich gekehrt.

Es hatte keine Geschlechtskrankheiten gegeben, kein Neugeborenes wurde getötet, kein schwarzes Baby an die Amerikaner abgegeben.

Es hatte keine Vergewaltigungen gegeben und keine Prostitution.

Und der Mann? Auch er hatte keine Frauen vergewaltigt, keine Kinder ermordet, keine Dörfer und Städte dem Erdboden gleichgemacht, keine Menschen verbrannt.

Mit der Wiederkehr des Mannes wurde die Moral wieder etabliert, seine Vorstellung von Moral. Die Frauen zwängten sich in enge Röcke, sie kochten dem Mann das Essen, wuschen seine Wäsche und stopften seine Strümpfe.

Sie nannten es die ‚Stunde Null‘. All das Leid, das der Mann in anderen Ländern angerichtet hatte, die entsetzlichen Demütigungen, denen die Frauen in den Jahren der sogenannten ‚Zigarettenwährung‘ ausgesetzt waren, hatte es nie gegeben.

Auf ihr Elend setzten sie ihre Autos, ihre Ferienreisen und ihre Fernsehgeräte; sie begegneten der eigenen Gewalt mit der Gewalt des Konsums. Arbeiten, um nicht nachdenken zu müssen und verreisen, um vor sich selbst zu fliehen; schon ein verlängertes Wochenende trieb sie aus dem Haus.

Die nächste Generation setzte die Strategie der Verdrängung fort, wahrscheinlich fühlten sie, daß die Eltern nicht die Wahrheit sagten, vielleicht wollten sie es auch nicht so genau wissen; und so spielten sie ‚Heile Welt‘.

Was ist mit den Frauen, die ein Leben lang gezwungen waren, ihre Erniedrigung und ihren Ekel zu ertragen, ohne je mit jemandem darüber reden zu können?

Die Töchter kommen die Mütter nicht besuchen, sie können noch immer nicht verzeihen, daß die Mutter sie, als sie noch klein waren, so oft alleine ließ. Woher soll eine Tochter auch wissen, wie es wirklich war; und wie hätte eine Mutter mit ihrer Tochter über die ihr zugefügten Erniedrigungen sprechen können?

Viele Frauen meiner Generation haben die Wahrheit ein Leben lang verdrängt; und nun am Ende ihres Lebens sollen sie ihre Tochter damit konfrontieren?

Die deutsche Frau, die von einem Russen vergewaltigt wurde, erlitt einen Schock; eine Vergewaltigung ist das Schlimmste, was einer Frau widerfahren kann. Die geschändete Frau richtete ihren Haß nach außen, auf den Täter; damit will ich sagen, daß sie ihn nicht verinnerlichen mußte, sie war das unschuldige Opfer.

Die deutsche Frau, die gezwungen wurde, sich zu prostituieren, wozu sie weite und beschwerliche Wege auf sich nehmen mußte, um sich in Frankfurt, dem Sitz des amerikanischen Hauptquartiers, den amerikanischen Soldaten anzubieten, war zutiefst gedemütigt.

Diese Frauen richteten ihren Haß nach innen, gegen sich selbst, sie fühlten sich schuldig, glaubten sie doch, sich ‚freiwillig‘ prostituiert zu haben.

Folge ihrer Schuldgefühle war Selbsthaß; und so sahen sich einige Frauen veranlaßt, ihrer beschädigten Identität eine neue, erfundene Identität überzustülpen. Wie sonst hätten sie weiterleben können. Fragt man diese Frauen heute nach ihren Erfahrungen mit den Amerikanern, bekommt man häufig zu hören: ‚ Ach, die Amerikaner waren nett, die haben unseren Kindern Schokolade geschenkt und haben uns auch geholfen, alles wieder aufzubauen.‘

Ihr Verhalten weist Ähnlichkeit auf mit einem inzestgeschädigten Kind, das zur Frau herangewachsen, nach ihrem Täter-Vater gefragt, antwortet: ‚ Mein Vater war lieb, er hat alles für mich getan.‘ Die Ähnlichkeit im Verhalten beruht darauf, daß beide die Schuld bei sich suchen; und das mit all den Folgen, die eine solche Einstellung beinhaltet.

Vielleicht sagen junge Frauen: ‚Das ist doch alles schon so lange her, das interessiert doch nicht mehr!‘ Da bin ich anderer Ansicht. Ich gehe davon aus, daß die Probleme der Gegenwart Folge unseres Handelns in der Vergangenheit sind, bereits wieder belastet mit einer Hypothek auf die Zukunft.

Wir müssen endlich den Mut haben hinzusehen, statt zu verdrängen; da nichts im Leben verlorengeht, können wir sicher sein, daß alles wieder hochkommt.

Eine ‚Stunde Null‘ kann es weder für das Individuum noch für die Gesellschaft schlechthin geben.“

3.5. Schwangerschaften nach 1945 durch Vergewaltigungen

„100.000e Frauen waren schwanger als Folge der Vergewaltigungen. Genaue Zahlen können nicht ermittelt werden. Die Dunkelziffer ist hier sicherlich sehr hoch, und es wurde nie ermittelt, wieviel Frauen an selbst vorgenommenen Schwangerschaftsabbrüchen starben bzw. sich suizidierten." (Sander, 1995, S. 54)

„Laut Statistischem Bundesamt gab es 1955 66.730 uneheliche Besatzungskinder, darunter 4776 farbige. Die bei weitem größte Zahl der ‚farbigen' Besatzungskinder wurde 1946 geboren." (ebd., S. 62)

Es gab legale Abtreibungen aufgrund stillschweigenden Einvernehmens der Behörden. Abtreibungen wurden nur bei Frauen genehmigt, die von sowjetischen Armeeangehörigen vergewaltigt wurden. Bei Vergewaltigungen durch westalliierte Soldaten durfte nicht abgetrieben werden. (vgl. Sander, 1995, S. 51)

Wobei sich natürlich die Frage stellt, wie eine schwangere Frau beweisen sollte, daß und von wem sie vergewaltigt wurde. Es muß zusätzlich zu der erlittenen Gewalttat eine erneute Demütigung für diese Frauen gewesen sein, als Bittstellerin bei den Ämtern und ÄrztInnen eine Genehmigung zu einem Schwangerschaftsabbruch zu erhalten.

Zahlreiche Frauen, die einen Abbruch nicht durchsetzen konnten, mußten ihr Kind also austragen. Kinder, die sie zeitlebens an die Vergewaltiger erinnern. Es ist vorstellbar, wie problematisch es für eine Frau war, eine gute Beziehung zu solch einem Kind aufzubauen. (vgl. Sander, 1995, S.36 ff)

Vielleicht läßt sich auch damit manch schlechte Beziehung zwischen einer alten Frau und ihrem Kind erklären. Und ebenso, wenn die Tochter oder der Sohn die alte Frau im Heim so selten besucht oder sich gar nicht um sie kümmert.

„Das schriftliche Dokument des evangelischen Probst Heinrich Grüber sagt aus: ‚Wir entschlossen uns zu weiteren Maßnahmen, um den Frauen zu helfen ... Wir haben auch für diese Zeit den § 218, soweit es sich um ethische Indikationen handelte, außer Kraft gesetzt, denn wir wollten es den deutschen Gefangenen nicht zumuten, daß sie nach der Entlassung unter ihren Kindern ein fremdes vorfanden'." (Sander, 1995, S. 37)

4. Lebensgeschichte einer Betroffenen

Frau J.L., geb. 1925, ist ebenfalls eine Frau, die ich als Patientin kennenlernte. Sie lag auf der Nebenstation zu der Station, auf der ich arbeite und kam zu uns nach einem erlittenen Schlaganfall zur Rehabilitation.

Frau J.L. hatte unserer Stationsärztin im Rahmen der ärztlichen Anamnese erzählt, daß sie früher in einem Arbeitslager der Nazis interniert gewesen war. Da die Stationsärztin von meiner Arbeit wußte, erzählte sie ihr davon und berichtete mir von dieser Frau. Als ich Frau J.L. auf ihre Geschichte ansprach und ihr von meinem geplanten Buch erzählte, fragte ich sie, ob sie daran interessiert sei, sich von mir interviewen zu lassen. Sie war sehr berührt darüber, daß sich jemand für ihre Geschichte interessiert und schrieb sie mir auf.

Ich war mir nicht sicher, ob Frau J.L. dies psychisch verkraften würde und machte mir Sorgen darüber, ob es richtig war, sie um ihre Geschichte zu bitten. Aber obwohl es sehr schwer für sie war, sie oft weinen mußte, tat es ihr sichtlich gut, auf solch ein Interesse, Verständnis und Mitgefühl zu treffen und sie sagte mir dies auch.

Hier also ihre selbst aufgeschriebene Geschichte:

„Ich wurde geboren am 1.9.1925 in Bitburg in der Eifel, verzog 1928 nach Trier-Ehrang und lebte dort im Elternhaus bis zu meiner Heirat 1952.

Im Alter von 15 Jahren hatte ich meine erste Verpflichtung im Leben. Im August 1939 mußte ich ins Pflichtjahr bei einem Bauer bis August 1940. Unter anderem mußte ich jeden Morgen dem Bruder der Bäuerin den Kaffee servieren. Jeden Morgen betatschte er mich und eines Morgens versuchte er mich zu vergewaltigen; ich schüttete ihm den heißen Kaffee ins Gesicht; damit rettete ich mich. Da ich wußte, daß er eine schlimme Strafe zu befürchten hatte, zeigte ich ihn nicht an. Ich war auch zu bang, das zu Hause zu erzählen; wir durften so was ja gar nicht erzählen. Das andere Hausmädchen, was neben mir noch da war, bekam ein Kind von ihm.

Ich erinnere mich gerade daran, daß damals bei uns in Trier eine Allee gebaut wurde, da saßen alte Herren – Geschäftsleute aus Trier, die wir Mädchen ja alle kannten – und nahmen uns Mädchen auf den Schoß. Auch mich, als ich so ungefähr 12 Jahre alt war und machten an mir rum. Das habe ich noch sehr in Erinnerung. Schon als junges Mädchen war ich fies davor [habe ich mich davor geekelt, M. B.].

Ab August 1940 ging ich zwei Jahre auf die Kunstgewerbeschule, wurde 1942 von den Nazis dort abberufen und wurde zu einer Lehre verpflichtet bei einer Krankenkasse. Ich löste dort einen jungen Mann ab, der einberufen worden war (Frauen wurden gebraucht).

Im Mai 1944 folgte die Einberufung in den Reichsarbeitsdienst nach Labberich/Niederrhein bei einem Bauern. Ich hatte zu der Zeit eine offene Blinddarmwunde; darauf wurde keine Rücksicht genommen. Plötzlich wurde ich von der Wehrmacht übernommen und nach Dramburg/Pommern transportiert zum Flakwaffenausbildungslager. Ich wurde am Richtgerät (Flugzeuge orten) ausgebildet. In den ersten Tagen mußten wir 20 Schützengräben ausheben bei frühem Wintereinbruch. Wir waren nur mit leichter Sommerkleidung bekleidet!

Dann kam die große Angst über uns: Wir mußten nach dem Duschen bei den neuen Vorgesetzten antreten. Es waren die gefürchteten SS-Ärzte, von diesen bekamen wir oft 10 Spritzen am Tag verabreicht; wir wußten nicht, aus welchem Grund. Später habe ich durch eine Frau aus der Gegend erfahren, daß wir uns in einem berüchtigten Nazilager (Lager Klausdorf) befanden, wo an Frauen experimentiert wurde. Es wurden an uns Antibiotika ausprobiert. In Deutschland war noch kein Penicillin entwickelt. Die Nebenwirkungen waren furchtbar. Wir wußten manchmal nicht mehr, ob wir Frau oder Mann waren. Wie bekamen zum Beispiel auch drei Monate unsere Periode nicht. Das Ausbildungslager war nur Tarnung.

Wir Frauen mußten dort auch gefangengenommene Mongolen bewachen.

Die Ärzte suchten sich die schönsten Mädchen für ihre sexuellen Perversionen aus. Bei mir entwickelte sich eine krampfartige Haltung, so daß man mir nicht viel anhaben konnte. Weil ich nicht wil-

lig war und die Kerle mutig verspottete, bekam ich oft Dunkelhaft.
Wir mußten oft nachts antreten und im Schlafanzug bei minus 20
Grad stundenlang in Reih und Glied in der Kälte stehen. Die
Schweine kannten kein Erbarmen.

So ging es laufend weiter bis zum 30.12.44. Plötzlich mußten wir in
aller Eile unsere Rucksäcke packen und 30 km nach Stettin laufen.
Dort stand ein Zug bereit zum Abtransport. Wir flohen nachts bei
Fliegeralarm in einen Bunker in Berlin vor den heranrückenden
Russen. Nach drei Tagen endloser Fahrt kreuz und quer durch
Deutschland war dann Bensberg bei Köln Endstation. Im Bensber-
ger Schloß wurden wir in die Stellungen rund um Köln verteilt. Ich
kam in das Lager Bensberg-Kaule. Die Flak in Dellbrück bei Köln,
die für ihre Zielgenauigkeit bekannt war, schoß bei Fliegeralarm
nach meinen georteten Werten. Die letzten Angriffe auf Köln habe
ich miterlebt.

Eines Tages faßten fünf Mädchen und ich den Mut, aus der Stellung
zu desertieren. Darauf stand ja die Todesstrafe; wenn wir erwischt
worden wären, wären wir auf dem Neumarkt in Köln erschossen
worden. Wir wurden auf Plakaten mit unseren Bildern gesucht.
Dies habe ich bei einem Treffen Ehemaliger erfahren.

Zwischen Panzerkolonnen marschierten wir bis Siegburg. Gott sei
Dank, ohne in Kontrollen geraten zu sein. Wir fuhren mit Militär-
autos Richtung Andernach bis Abtei Maria-Laach zu meiner
Schwester. In den unterirdischen Gängen versteckten wir uns ca.
vier Wochen, bis der Amerikaner durchzog. Die Angst vor den
Amis entstand von neuem.

Ich erreichte bei einem Kommandant die Genehmigung, die Straßen
zu passieren – es bestand ja Ausgangssperre. Wir wanderten dann
durch die Eifel in Richtung Trier. Überall lagen tote Pferde; es war
grausig. Den Ort Hasborn umgingen wir, weil dort die polnischen
Kriegsgefangenen die Frauen überfielen. Neue Angst entstand. Bei
Wittlich gerieten wir in die Kontrolle der Belgier. Da half mir das erste
Mal mein französischer Name. Man ließ uns zum Glück passieren.

Ich bin heil mit großer Freude im Elternhaus angekommen. Diese
waren sprachlos; wir hatten drei Monate nichts mehr voneinander
gehört. Das Haus war teilweise durch amerikanische Artillerie von

Luxemburg aus beschossen worden. Aber Gott sei Dank lebten die Eltern noch.

Der damalige Bürgermeister schickte mich sofort zum Steineklopfen. Zum ersten Mal brachte ich den Mut auf, mich zu weigern. Dann mußte ich bei einer Besatzungsfrau den Haushalt führen. Wegen einer Sabotage von deutscher Seite aus, erlitt ich Verbrennungen im Gesicht, Hals und Haaren. Nach einem halben Jahr mußte ich mich auf dem Petersberg in Trier melden, zwecks Abmarsch in amerikanische Gefangenschaft nach Kreuznach/Nahe. Ich legte meine Papiere vom RAD (Reichsarbeitsdienst) vor. Ich hatte gehört, daß diese Leute nicht in Gefangenschaft mußten – endlich mal Glück gehabt!!!!

An Arbeit war nicht zu denken, denn es wurden nur Männer eingestellt. So entschloß ich mich zur kunstgewerblichen Arbeit, was mir gut gelang. Endlich konnte ich mit 21 Jahren mal tun und lassen, was ich wollte.

Leider waren die Spuren des Krieges mit Krankheiten an mir haften geblieben. Rheuma, Magenleiden usw.

Vor zwei Jahren hatten wir ein Treffen in Trier mit 40 Frauen, die alles miterlebt hatten. Wir waren erstaunt, daß alle die gleichen Krankheitssymptome hatten, wie zum Beispiel Rheuma, Bluthochdruck, Magenleiden, Lymphdrüsenschwellungen, Gleichgewichtsstörungen und Herzkrankheiten. Ein Haufen elend zugerichteter Frauen, die mittlerweile über 70 Jahre alt waren. Damals waren wir 18–20 Jahre jung.

Dies waren nur Auszüge aus meinen Erlebnissen.

Zum Glück fand ich einen Mann, der viel Verständnis für mich aufbrachte. Er kam selbst mit 21 Jahren aus 4jähriger amerikanischer Gefangenschaft zurück.

Ich hatte eine Zeitlang Ekel vor Männern. Mein Mann ging ein halbes Jahr mit mir, ehe er es wagte, mich zu küssen. Chancen hatte ich genug, es durfte mir nur keiner zu nahe kommen. Schließlich habe ich diese Einstellung mit meinem Mann überwunden, auch wenn es sehr schwer war für mich. Er konnte ja schließlich nichts dafür. Er nahm viel Rücksicht auf mich; unsere Ehe verlief auf kameradschaftlicher Basis.

Nach all diesen Erfahrungen fällt es mir schwer, so manches jetzt im Krankenhaus auszuhalten. Im letzten Krankenhaus, in dem ich war, sollte ich Medikamente nehmen, die ich allerdings nicht vertragen konnte. Die Schwestern sagten aber, ich müsse diese Tabletten nehmen. Ich dachte, das habe ich so ähnlich auch von den Nazis gehört. Ich sehe rot, wenn jemand über mich bestimmt mit den Worten ‚Sie müssen das.'

Auch hier von Männern gewaschen und auf der Toilette geholfen zu bekommen, fällt mir sehr schwer, ist sehr komisch für mich. Aber Du mußt das halt durchhalten und alles in Kauf nehmen. Die Pfleger sind sehr zurückhaltend und nett, dann gewinnt man auch mit der Zeit Vertrauen. Man muß sich einfach daran gewöhnen."

Frau J.L. erhält übrigens eine Rente von 200 DM. Zum Glück bekommt ihr Ehemann eine ausreichende Rente, von der sie gemeinsam gut leben können.

Zum Abschied schrieb sie mir ein Gedicht, das mich sehr berührt hat und ich hier wiedergeben möchte.

> *Zum Abschied*
> Manchmal wünsche ich mir
> ein Stück Freiheit
> für einige Stunden
> ich käme zurück mit vollen Händen,
> mit Sonne und Wind,
> den Arm voller Blumen für Sie.

Ich danke Frau J.L. sehr dafür, daß sie mir diese Teile ihrer Lebensgeschichte aufgeschrieben und mir für dieses Buch zur Verfügung gestellt hat, und ich danke ihr auch für ihre Bekanntschaft.

5. Folgen für Frauen nach erlebter sexualisierter männlicher Gewalt

> „Die traumatische Realität kann nur im Bewußtsein bleiben, wenn
> das Opfer durch sein soziales Umfeld gestärkt und geschützt wird
> und Opfer und Zeuge zu einem Bündnis zusammenfinden. Für das
> Opfer schaffen die Beziehungen zu FreundInnen, PartnerInnen und
> Familie ein solches soziales Umfeld." (Herman, 1993, S. 217).

Frauen, die allerdings kein entsprechendes soziales Umfeld hatten, das sie stützte und ihnen die Möglichkeit zur Heilung gab, mußten ihr Trauma, verursacht durch erlittene sexualisierte männliche Gewalt, verdrängen. So weit, daß es oftmals sogar nicht mehr bewußt erinnert werden konnte, um so weiterhin funktionieren zu können. Sie mußten ihre Bewältigungsmechanismen so ausprägen und verfeinern, daß sie leben konnten, ohne verrückt zu werden.

Und die sexualisierte männliche Gewalt gegen sie ging weiter. Vergewaltigung in der Ehe und durch Fremdtäter, sonstige sexuali-sierte männliche Gewalt: „normaler" Frauenalltag.

Dieses Leid von Frauen, kaum vorstell- und aushaltbar. Und sie mußten es ertragen, da sie auch hier keine Möglichkeiten der Flucht hatten. Kaum eine Frau, die sich selbst ernähren konnte, die einen Beruf gelernt hatte. So bauten sie sich ihr Leben auf, ohne sich selbst zu spüren, ohne ihre Bedürfnisse wahrzunehmen.

Für ihre Bedürfnisse nach Trost, Mitgefühl und Verständnis, nach dem Ausleben von Trauer, Wut und Haß auf die Täter (Traumaverarbeitung), gab es keinen Ort für sie und keine/keinen, die/der sich ihrer therapeutisch angenommen hätte.

Heute gibt es zahlreiche Angebote von zum Beispiel Selbsthilfegruppen für Frauen mit sexualisierten Gewalterfahrungen. Viele dieser Frauen, die sich in solchen Gruppen organisieren, erleben hier zum ersten Male, daß andere Frauen ähnliche Geschichten haben und fühlen sich dadurch entlastet. Glaubten sie doch oft, sie wären die einzigen und alleine schuld daran, sexuell traumatisiert worden zu sein. Diese Gemeinsamkeit mit Frauen, die sich in ähnlichen Situationen wie sie selbst befinden, wirkt unterstützend und oft können Frauen sich mit Hilfe dieser Gruppen aus Gewaltbeziehungen befreien und ihre Geschichte aufarbeiten. Diese Möglichkeiten hatten die alten Frauen nicht.

Zudem werden in den öffentlichen Trauerriten um den verlorenen Krieg die Opfer von Vergewaltigungen und Zwangsprostitutionen nicht mit einbezogen, sie werden nicht als Heldinnen ver- und geehrt. Männer haben sich im Versuch, ihre traumatischen Erlebnisse aus dem Krieg zu verarbeiten, viele Möglichkeiten geschaffen. Sei es in Veteranenvereinen, sei es in Filmen oder Literatur und in Trauer-veranstaltungen für die gefallenen ‚Helden‘. Es gibt heute keine Gedenktafeln für die Opfer sexualisierter Gewalt, keine Kranzniederlegungen, kein Gedenken an die Frauen, die noch Jahre oder Jahrzehnte später an ihren traumatischen Erlebnissen gestorben, zerbrochen, krank und ver-rückt geworden sind. (vgl. Sander, 1995, S. 43)

In der Aufarbeitung der deutschen Geschichte nach 1945, die teilweise stattfand und -findet, wurden und werden Frauen zum größten Teil „vergessen". Es wurde und wird auch weitgehend „vergessen", ihnen Hilfestellung zu geben, damit sie ihren Teil der Geschichte aufarbeiten konnten / können.

Ihre Schlafstörungen, Angstzustände, Unruhe, Depressionen usw. machten sie weg mit Medikamenten und suchten Befriedigung in der Versorgung anderer. Sie nahmen wieder die Rolle an, die ihnen aufgezwungen wurde, und versuchten, sie perfekt auszufüllen. Die Rolle der guten, bedürfnislosen Ehefrau und Mutter. Sie mußten ihre Arbeitsplätze wieder den heimkehrenden Männern räumen, kümmerten sich um ‚Kinder, Küche und Kirche‘. (vgl. Sander, 1995, S. 18 und aus Gesprächen mit Erika Schilling, 1996)

Einige Zahlen, die belegen, daß Frauen verstärkt zu Medikamenten greifen:

– „von den ca. 800.000 medikamentenabhängigen Personen in der BRD sind 70–75 % Frauen

– die Dunkelziffer ist riesig
– doppelt so viele Frauen wie Männer nehmen Tranquilizer
– zwischen 20 und 30 Jahren nehmen achtmal so viele Frauen Anti-
 depressiva wie Männer
– 85 % der abhängigen Frauen sind mehrfach abhängig, von verschiedenen Medikamenten oder Medikamenten und Alkohol
– zwischen 20 und 45 Jahren werden Frauen 150 % mehr Schmerz-
 mittel als Männern verschrieben" (Hilsenbeck, 1993, S. 57)
– Menschen über 65 Jahren bilden nur 16 % aller Versicherten, aber
 45 % der gesamten Medikamentenkosten und 50 % aller Medika-
 mentenverordnungen in der BRD entfallen auf die über 65jährigen.
 Fast zwei Drittel aller Psychopharmaka werden Frauen verschrieben, ca. 90 % davon von HausärztInnen. (vgl. Unser Körper, Unser
 Leben, 1991, S. 85 f)

Viele der alten Frauen, die uns in der Altenpflege begegnen, sind abhängig von Medikamenten, zum Beispiel von Schlaf-, Beruhigungs-,
Schmerz- und Abführmitteln. Sie nehmen diese Mittel oft schon seit
Jahren ein, kommen ohne sie nicht mehr aus, und so werden ihnen diese Medikamente in den Altenheimen und Krankenhäusern auch weiterhin verordnet.

Bei den heute alten Frauen, die ihr Leben lang ihre traumatischen
Erfahrungen mittels verschiedener Bewältigungsstrategien verdrängt
haben, können diese Strategien durch das veränderte Umfeld bei einem Einzug ins Altenheim oder einer Verlegung auf eine Krankenhausstation nicht mehr aufrechterhalten werden.

Sie haben nun keine Möglichkeiten mehr, sich in Beschäftigungen,
Verantwortung für andere und anderes zu vergessen. Auch verändert
sich durch diesen Umzug ihr soziales Umfeld völlig.

5.1. Traumatische Störungen als Folge von sexualisierter männlicher Gewalt

TRAUMA:
„(griech. = Wunde; Mz. Traumen), das, 1) Gewalteinwirkung auf
den Körper, die eine Verletzung zur Folge hat. – 2) meist in der
Kindheit durch Umwelteinflüsse verursachte seelische Erschütterung,
die sich schädlich auf die Entwicklung der Persönlichkeit auswirken
und die Ursache einer Neurose bilden kann."
(Das Neue Universal-Lexikon, Bd. III, 1973, S. 1929)

„Ein Trauma entsteht dann, wenn das Opfer von einer überwältigenden Macht hilflos gemacht wird, es eine Bedrohung für das Leben
oder die körperliche Unversehrtheit erfährt. Ein psychisches Trauma
ist immer begleitet von Gefühlen von intensiver Angst, Hilflosigkeit,
Kontrollverlust und drohender Vernichtung."
(vgl. Herman, 1993, S. 53f)

Bei einer Vergewaltigung und bei sexueller Traumatisierung von
Mädchen ist es für ein Mädchen oder eine Frau kaum möglich, sich zu
wehren, die sexualisierte männliche Gewalt abzuwenden. Die Frau
befindet sich in einer Ohnmachtssituation. Bei Menschen, die ein
Trauma erlebt haben, hinterläßt dieses Trauma immer psychische
Spuren. (vgl. Herman, 1993, S. 138)
   Die psychischen Spuren – Folgen eines Traumas – wurden erstmals
1980 in das Diagnosehandbuch des amerikanischen Psychiatrierver-
bandes (American Psychiatric Association) als Posttraumatisches Belastungssyndrom aufgenommen. Dies geschah auf Druck der amerikanischen Antikriegsbewegung, nachdem Mitte der siebziger Jahre
Veteranen des Vietnamkrieges Selbsthilfegruppen gegründet hatten.

Sie gaben Studien in Auftrag, die nachwiesen, daß ihre Kriegserfahrungen schwerwiegende psychische Folgen hatten. Viele mußten sich psychiatrisch behandeln lassen. (ebd., S. 34 ff)

Als mögliche Faktoren für ein Posttraumatisches Belastungssyndrom werden u. a. Katastrophen wie zum Beispiel Überschwemmungen und Erdbeben, Kampf oder Kriege, Überfall, Folter, Vergewaltigung, sexualisierte Gewalt an Kindern genannt. (vgl. Doenges, Moorhouse, 1991, S. 139 f, Olbricht, 1997, S. 100 f und Herman, 1993, S.167)

„Das Posttraumatische Belastungssyndrom wird definiert ‚als Störung, die auf Ereignissen beruht, die außerhalb der üblichen menschlichen Erfahrung liegt' ... Diese Definition ist sicher insofern falsch, als daß sexuelle Gewalt sehr wohl zur weiblichen Erfahrung, zum weiblichen Alltag gehört. Traumatische Ereignisse sind nicht deshalb außergewöhnlich, weil sie selten sind sondern, weil sie die normale Anpassungsleistung eines Menschen überfordern." (Herman, 1993, S. 53)

Daß das Posttraumatische Belastungssyndrom als Diagnose aufgenommen wurde, ist deshalb so entscheidend, weil es so meines Erachtens weniger zu Fehldiagnosen, die bei psychischen Symptomen gestellt wurden, kam und kommt; dazu gehörten Fehldiagnosen wie zum Beispiel ‚Masochistin' oder ‚Hysterikerin'. Auch wird in der Bezeichnung Posttraumatisches Belastungssyndrom deutlich, daß die Ursache der Symptome auf ein erlebtes und nicht verarbeitetes Trauma zurückzuführen ist, anders als bei anderen Diagnosen, die nichts über die Ursache aussagen, wie zum Beispiel Psychose.

Suchtpatientinnen, Patientinnen mit Phobien, Wahnvorstellungen, Patientinnen mit weiteren psychischen und somatischen Erkrankungen können nur unvollständig therapiert werden, wenn die Ursachen, etwa traumatische Erlebnisse, ihrer Erkrankungen nicht erkannt und in Zusammenhang damit gebracht werden.

5.2. Symptome des Posttraumatischen Belastungssyndroms

Posttraumatisches Belastungssyndrom:
„Der Zustand, bei dem ein Mensch eine anhaltend schmerzhafte
Reaktion auf ein unerwartetes, außergewöhnliches
Ereignis(se) erlebt."
(Doenges/Moorhouse, 1993, S. 139)

Ich beschäftige mich in diesem Kapitel sehr ausführlich und eingehend mit den Symptomen des Posttraumatischen Belastungssyndroms und den Ursachen bei Frauen mit sexualisierten männlichen Gewalterfahrungen, weil viele – wenn nicht gar alle dieser im folgenden beschriebenen Symptome – mir in meiner Arbeit mit alten Frauen begegnet sind. Sie werden allzu schnell unter die Symptome der Demenz, des Hirnorganischen Psychosyndroms, der Altersverwirrtheit, Hysterie, Psychose und somatischen Erkrankungen unklarer Genese zugeordnet oder gar nicht wahrgenommen.

Judith Lewis Herman, hier schon mehrfach zitierte amerikanische Psychiaterin, Professorin an der Harvard Medical School, befaßt sich seit 20 Jahren mit den Folgen u. a. von sexualisierter Gewalt und schreibt in ihrem Buch „Die Narben der Gewalt – Traumatische Erfahrungen verstehen und überwinden" zum Thema sexuelle Traumatisierung von Mädchen:

„Das Mädchen entwickelt ein unausgereiftes System psychischer Abwehrmechanismen. Die Entwicklung abnormer Bewußtseinszustände wird gefördert, indem das Verhältnis von Körper und Seele, Realität und Phantasie, Wissen und Erinnerung verschoben ist, da das Mädchen sich nicht real aus dieser pathologischen Umwelt befreien kann. Aus solchen veränderten Bewußtseinsstörungen kann ein ausgeklügeltes System sehr vielfältiger somatischer und psychischer Symptome entstehen. Die Symptome verbergen ihren Ursprung und enthüllen ihn gleichzeitig; sie sind Botschaften der schrecklichen Geheimnisse, die nicht in Worte zu fassen sind." (vgl. Herman, 1993, S. 135 ff)

Und weiter: „Neben der Angst vor Gewalt berichten alle Opfer von einem überwältigenden Gefühl der Hilflosigkeit. (ebd. S. 138) ... Bemerken mißhandelte Kinder Anzeichen von Gefahr, versuchen sie sich zu schützen, indem sie dem Mißhandler aus dem Wege gehen, ihn versuchen zu besänftigen oder sich so unauffällig wie möglich zu verhalten." (ebd. S. 140)

Diese Verhaltensweisen werden so perfektioniert, daß sie später kaum noch veränderbar sind. „Kann ein Mädchen die Realität nicht durch Verschiebung oder Dissoziation (Abspaltung) bewältigen und so den Mißbrauch nicht leugnen, muß es sich ein Sinnsystem konstruieren, das die Tat rechtfertigt. Unweigerlich kommt es zu dem Schluß, daß das Böse in ihm selbst der Grund für den Mißbrauch ist ... so können sie sich den Glauben an einen Sinn, an Hoffnung und an gute Eltern bewahren. (ebd. S. 145) ... Sie überdecken das Gefühl im Innersten schlecht zu sein, oft mit ausdauernden Bemühungen, brav zu sein... sie kümmern sich aufopfernd um ihre Eltern, führen den Haushalt perfekt, sind besonders gute Schülerinnen, Vorbilder sozialer Angepaßtheit ... idealisieren häufig den mißhandelnden Elternteil... (ebd. S. 148 f) Je stärker ehemalige Opfer von sexueller Gewalt mit den Anforderungen des Erwachsenenlebens konfrontiert sind, desto schwerer lastet das Erbe der Kindheitserfahrungen auf ihnen. Irgendwann, oft erst in späteren Lebensjahren, brechen die Bewältigungsmechanismen allmählich zusammen." (ebd. S. 159)

„Häufig löst eine Veränderung in der Balance der engsten Beziehungen einen solchen Zusammenbruch aus. Das Scheitern einer Ehe; ... Krankheit oder Tod einer nahestehenden Person. Die Fassade ist nicht mehr länger aufrechtzuerhalten, die dahinter ver- borgene Spaltung wird offenbar. Wenn es zum Zusammenbruch kommt, können die Symptome praktisch jede Form psychiatrischer Störungen annehmen." (Herman, 1993, S. 159 f)

Leider beschreibt auch Frau Herman keine Erfahrungen mit alten Frauen. Gerade beim Tod von nahen Angehörigen und bei einem Umzug ins Heim, dem dadurch entstehenden Wegbrechen des sozialen und persönlichen Umfeldes kommt es zu einschneidenden Veränderungen im Leben alter Frauen, die bis dahin ihr Leben bewältigten.

„Man unterteilt die zahlreichen Symptome posttraumatischer Störungen in drei Hauptkategorien: Übererregung – Intrusion – Konstriktion (Herman, 1993, S. 56)

Übererregung spiegelt die ständige Erwartung einer Gefahr wider, das Selbstschutzsystem der Frau scheint sich in einem ständigen Alarmzustand zu befinden, als könne die Gefahr jeden Moment wiederkehren. Sie reagiert extrem schreckhaft auf unerwartete und vor allem auf spezifische Reize, die mit dem traumatischen Ereignis in Verbindung stehen. Traumatisierte können offensichtlich auch Wiederholungsreize, die für andere nur ärgerlich wären, nicht „ausschalten", sondern reagieren auf jede Wiederholung wie auf eine neue – und gefährliche – Überraschung. Die erhöhte Erregung hält auch im Schlaf wie im Wachzustand an, die Folge sind massive Schlafstörungen. Frauen mit posttraumatischen Belastungsstörungen brauchen länger zum Einschlafen, reagieren empfindlicher auf Lärm und wachen in der Nacht häufiger auf als Gesunde...(vgl. ebd. S. 56ff.)

Intrusion (ungewollt sich aufdrängende Erinnerungen und Gedanken an das traumatische Ereignis: Erinnerungsblitze). Lange, nachdem die Gefahr vorüber ist, erleben Traumatisierte das Ereignis immer wieder so, als ob es gerade geschähe. Sie finden nicht mehr in ihren normalen Lebensrhythmus zurück, weil das Trauma sie immer wieder herausreißt.

Der traumatische Augenblick wird abnormal im Gedächtnis gespeichert und gelangt dann spontan ins Bewußtsein, im Wachzustand als plötzliche Rückblende und im Schlaf als angsterfüllter Alptraum. Selbst kleine, scheinbar bedeutungslose Gegenstände können Erinnerungen wecken, in denen das ursprüngliche Ereignis oft extrem lebensecht und mit aller emotionaler Gewalt wiederkehrt. Deshalb fühlt sich das Opfer manchmal selbst in schützender Umgebung in Gefahr, denn überall kann es auf etwas stoßen, was es an das Trauma erinnert ..." (vgl. ebd., S. 56 ff)

„Konstriktion (Vermeidung von Situationen, die als bedrohlich empfunden werden, psychische Erstarrung, emotionale Anästhesie). Ist frau absolut machtlos und jeder Widerstand zwecklos, bleibt möglicherweise nur die Kapitulation. Die Ohnmächtige kann nicht aus der Situation fliehen, sondern nur durch eine Veränderung des Bewußtseinszustandes. Diese Bewußtseinsveränderungen liegen dem Gefühl der Erstarrung zugrunde. Eine unausweichliche Gefahrensituation löst manchmal nicht nur Angst und Wut aus, sondern paradoxerweise auch eine distanzierte Ruhe, mit der Angst, Wut und Schmerz verschwinden. Dem Opfer kommt es so vor, als wäre es von dem Ereignis gar nicht betroffen, als stünde es außerhalb seines Körpers und schaute nur zu, als wäre die Erfahrung ein schlechter Traum. Die Wahrnehmungsveränderungen gehen mit Gleichgültigkeit, emotionaler Distanz und völliger Passivität einher, das Opfer gibt jede Initiative und Kampfbereitschaft auf.

Die Ereignisse dringen zwar ins Bewußtsein, aber scheinbar losgelöst von ihrer üblichen Bedeutung. Die Wahrnehmung ist möglicherweise eingeschränkt oder verzerrt, das Schmerzempfinden kann teilweise verlorengehen." (vgl. ebd., S. 65 ff)

Solche distanzierten Bewußtseinszustände ähneln der hypnotischen Trance. Trancen sind dissoziative (abgespaltene) Zustände, die in geringen Maßen jede von uns kennt. Das Ausschalten von Geräuschen in der Umgebung beim Lesen eines Buches, Versinken in einen Film, Tagträume oder Meditationen. (ebd., S. 67)

Alle beschriebenen Symptome sind erlernte Bewältigungsstrategien, die dazu dienen, die Gewaltsituation aushalten zu können. In diesen Situationen machen sie Sinn, sind aber so im menschlichen Gehirn gespeichert, daß diese Strategien ständig angewendet werden, auch in Lebenssituationen, in denen keine Gefahr besteht. Sie schwächen sich wohl im Laufe der Zeit ab, können aber selbst Jahre nach dem Ereignis erneut auftreten, wenn das Opfer an das ursprüngliche Trauma erinnert wird. (vgl. Herman, 1993, S. 73). Es bedarf einer sehr intensiven therapeutischen Arbeit, einmal erlernte Bewältigungsstrategien zu verändern und durch neue, den anderen Lebenssituationen angepaßte Bewältigungsstrategien zu ersetzen.

Judith Lewis Herman hat psychische Symptome zusammengetragen, die ihr in ihrer langjährigen therapeutischen Arbeit mit Frauen, die durch sexualisierte männliche Gewalt traumatisiert waren, begegnet sind:

„Störungen der Affektregulation
- anhaltende Dysphorie (gedrückte und gereizte Stimmungslage, Ü. d. A.)
- chronische Suizidgedanken
- Selbstverstümmelung
- aufbrausende oder extrem unterdrückte Wut
- zwanghafte oder extrem gehemmte Sexualität
- Bewußtseinsveränderungen
- Amnesie oder Hyperamnesie, auf das Trauma bezogen
- zeitweilige dissoziative Phasen
- Depersonalisation / Derealisation
- Wiederholung des traumatischen Geschehens, entweder als intrusive Symptome der posttraumatischen Belastungsstörung oder als ständige grüblerische Beschäftigung
- Gestörte Selbstwahrnehmung
- Ohnmachtsgefühle, Lähmung jeglicher Initiative
- Scham- und Schuldgefühle, Selbstbezichtigung
- Gefühle der Beschmutzung und Stigmatisierung
- Gefühl, sich von anderen grundlegend zu unterscheiden (die Frau ist etwa überzeugt, etwas Besonderes zu sein, fühlt sich mutterseelenallein, glaubt, niemand könne sie verstehen)

Gestörte Wahrnehmung des Täters
- ständiges Nachdenken über die Beziehung zum Täter (auch Rachegedanken)
- Idealisierung oder paradoxe Dankbarkeit
- Gefühl einer besonderen oder übernatürlichen Beziehung
- Übernahme des Überzeugungssystems oder der Rationalisierung des Täters'

Beziehungsprobleme
- Isolation und Rückzug
- gestörte Intimbeziehungen
- wiederholte Suche nach einem Retter
- anhaltendes Mißtrauen
- wiederholt erfahrene Unfähigkeit zum Selbstschutz

– Veränderung des Wertesystems
– Verlust fester Glaubensinhalte
– Gefühl der Hoffnungslosigkeit und Verzweiflung"
(Herman, 1993, S. 169f)

Somatische Reaktionen
– „chronische Schmerzen
– Übelkeit und veränderter Appetit
– Verspannung des Bewegungsapparates/Muskeln
– übermäßige Schreckhaftigkeit
– Überempfindlichkeit auf Lärm
– Schlaflosigkeit
– Schlafstörungen
– Kopfschmerzen
– Schwindel und Gleichgewichtsstörungen
– chronische Müdigkeit und rasche Ermüdbarkeit"
(Doenges/Moorhouse, 1993, S. 139)
– Unterleibsbeschwerden und -erkrankungen aller Art
– Atemstörungen aller Art (zum Beispiel Bronchitis, Asthma)
– Rückenschmerzen
(vgl. Olbricht, 1997, S. 103 f)

Kognitive Störungen
– „Verwirrung
– Gedächtnis- oder Konzentrationsverlust
– Unentschlossenheit"
(Doenges/Moorhouse, 1993, S. 139)

5.3 Dementielle Erkrankungen, Ursachen und Symptome

Demenz:
„Das Wort Demenz kommt vom Lateinischen:
, de' bedeutet , weg von', d. h. verlustig gegangen,
und , mens' am ehesten , Geist', d. h. etwas Höheres,
Übergeordnetes, wörtlich übersetzt also , der Geist ist weg'."
(Hafner/Meier, 1993, S. 126)

„Unter Demenz versteht man eine organisch bedingte
Beeinträchtigung der allgemeinen, insbesondere der intellektuellen
Hirnleistungsfähigkeiten, verbunden mit negativen Auswirkungen
auf die sozialen Funktionen."
(ebd. S. 127)

In diesem Kapitel beschreibe ich die Erkrankung Demenz, da diese bei sehr vielen alten Frauen diagnostiziert wird. Meiner Ansicht nach geschieht dies oftmals zu Unrecht, da ich glaube, daß für Frauen die „Demenz" eine letzte Bewältigungsstrategie darstellt, um erlebte Traumata, wie zum Beispiel auch sexualisierte männliche Gewalterfahrungen weiterhin zu verdrängen. Das heißt, daß es sich in diesen Fällen um sogenannte Pseudodemenzen handelt, die therapierbar sind, wenn die Ursachen der Symptome erkannt werden.

Pseudodemenzen werden bei Hafner und Meier wie folgt definiert: „Leicht Demenzkranke können in neurotischen Konfliktsituationen Symptome von schwerer kognitiver Beeinträchtigung im Sinne einer Regression in einer ‚gelernten Hilflosigkeit' zeigen: Der Patient verstärkt seine Pflegebedürftigkeit im Sinne einer Regression in ein demenzähnliches Verhalten mit sekundärem Krankheitsgewinn." (1993, S. 149).

Der Pschyrembel in seiner Auflage von 1990 beschreibt das Vorkommen einer Pseudodemenz unter anderem als „Reaktion auf Unfälle oder Kriegsverletzungen, die in vielgestaltigen seelischen bzw. körperlichen Beschwerden (z.B. Depression, Wehleidigkeit, Gedächtnis- und Antriebsstörungen, Schlaflosigkeit) auftritt und als Ausdruck bestimmter Wünsche (z.B. Entschädigungen) interpretiert werden kann."

„Etwa ein Fünftel bis ein Viertel der über 65jährigen gelten als psychisch krank. Knapp die Hälfte der gestellten Diagnosen entfällt auf Demenzen, ein weiterer großer Teil auf depressive Syndrome." (Hafner/Meier, 1993, S. 16)

Auch bei depressiven Syndromen und der sogenannten Altersdepression sollte differentialdiagnostisch abgeklärt werden, ob traumatische Erfahrungen, zum Beispiel erlebte sexualisierte Gewalt zugrunde liegen. Es wird unterschieden zwischen mehreren Formen der Demenz, entsprechend ihrer Ursachen. Dies ist entscheidend für den Verlauf der Erkrankung und einer eventuellen Therapie der Demenz.

Die bekannteste und häufigste Form der Demenz (ca. 50%) ist die Morbus Alzheimer Demenz. Sie entwickelt sich allmählich und über Jahre. Hierbei kommt es zu einem fortschreitenden Hirnabbau, dessen Ursache unbekannt ist.

Eine weitere Form der Demenz ist die Multi-Infarkt-Demenz (30 bis 40% aller Demenzformen).

Ursache dafür sind wiederholte Schlaganfälle, d. h. Durchblutungsstörungen im Gehirn, bei denen Nervenzellen absterben. Das Ereignis Schlaganfall führt zu einem eher plötzlichen Beginn einer Demenz.

Selten (ca. 10%) sind Gemischte Demenzen, also Mischungen zwischen Alzheimer und Multiinfarkt-Demenz.

Diese drei Formen der Demenz sind nicht ursächlich behandelbar. Die Werbung und die Psychopharmakaindustrie propagiert zwar Medikamente, die die Durchblutung fördern sollen, diese sind in ihrer Wirkung aber sehr zweifelhaft und haben auch sehr starke Nebenwirkungen.

Bei der Demenz werden lediglich die Symptome durch Psychopharmakagabe, von welchen manche aber wiederum die Demenz begünstigen, gedämpft. Zum Beispiel erhalten viele Demenzkranke, die in ihrer Orientierungslosigkeit unruhig sind, und Angstzustände haben, weil sie nicht wissen, wo sie sich befinden, Psychopharmaka, die sie ruhigstellen und ihnen ihre Ängste nehmen sollen. So wird verhindert, daß sie die Station verlassen, sich verlaufen und sich selbst so gefährden. Aus meiner Erfahrung sind einige der gängigsten Psychopharmaka in diesen Fällen Atosil®, Decetan®, Dipiperon®, Eunerpan® und Haldol® Wie ich in im Kapitel „Alte Frauen in der Gerontopsychiatrie" noch näher beschreiben werde, ist eines der vielen Nebenwirkungen dieser Psychopharmaka Konzentrationsschwäche und die Hemmung der intellektuellen Leistungsfähigkeit. So kommt es also durch Gabe dieser Medikamente zu einer Verstärkung der Demenzsymptome.

Andere Formen von Demenz, die oftmals behandelbar sind, haben Ursachen wie zum Beispiel:
– chronische Medikation
– Epilepsie
– Anämie
– Herz- / Lungeninsuffiziens
– Elektrolytstörungen
– extremer Flüssigkeitsmangel
– Hirntumore
– Vitaminmangelzustände
Beschrieben werden auch Pseudodemenzen, zum Beispiel bei Depression.

Leitsymptom einer Demenz ist immer eine *Gedächtnisstörung*, die je nach Dauer und Schwere der Erkrankung mehr oder weniger stark ausgeprägt ist. Hierbei handelt es sich in erster Linie um Störungen im Kurzzeitgedächtnis; Ereignisse, die erst kurz zurückliegen, können nicht mehr erinnert werden. Im späteren Verlauf der Erkrankung kommt es dann immer mehr zu Einbußen auch im Langzeitgedächtnis.

Bei den Symptomen der Demenz wird unterschieden zwischen Primärsymptomen und Sekundärsymptomen.

Primärsymptome sind die, die durch die Demenz unmittelbar verursacht sind, Sekundärsymptome die, die als Folgeerscheinungen im Rahmen einer dementiellen Erkrankung auftreten.

Primärsymptome der Demenz
– Gedächtnisstörung (Amnesie)
– Merkfähigkeitsschwäche
– Konzentrationsstörung
– Desorientierung in der Zeit, im Raum, im Ort und zur Person
– Sprachstörung (Aphasie)
– Wahrnehmungsstörung (Agnosie)
– Störung von (motorischen) Handlungsabläufen (Apraxie)
– Störung des abstrakten Denkens (Abstraktionsfähigkeitsverlust)
– Störung der Urteilskraft (Assessment-Störung)

Sekundärsymptome der Demenz
– Persönlichkeitsstörungen
– Depression
– Angst
– Wahnvorstellungen
– Psychische und motorische Unruhe
– Aggressivität
– Apathie und Indifferenz
– Perseverationen (Hängenbleiben an einem Gedanken bzw. dessen ständige sprachliche Wiederholung)
– Tag-Nacht-Umkehr
– Urin- und Stuhlinkontinenz
– Stimmungsschwankungen (affektive Störung)
  (vgl. Hafner/Meier, 1993, S. 138 ff)

Auffallend ist sicherlich die Ähnlichkeit einiger Symptome der Erkrankung Demenz mit den Symptomen des Posttraumatischem Belastungssyndroms, wodurch es zu Fehldiagnosen kommen kann.

Im Altenheim erlebte ich einmal eine alte Frau, die geistig rege war. Ihr Gedächtnis war altersentsprechend intakt, ich war öfters mit ihr in einem Café, und sie erzählte mir Geschichten aus ihrem Leben. Durch tragische Unfälle hatte sie ihren Mann, eine ihrer Töchter und ihren

Schwiegersohn verloren. Eine zweite Tochter lebte noch. Als sie von dem Unfalltod ihrer zweiten Tochter hörte, wurde sie von einem Tag auf den anderen apathisch, wollte morgens nicht mehr aufstehen, wurde täglich desorientierter, baute psychisch wie körperlich völlig ab. Nach einiger Zeit erkannte sie uns Pflegende nicht mehr wieder, wußte nicht mehr wo sie war. Bis dahin war sie eine Frau, die sich pflegte und gute Umgangsformen zeigte. Nun war ihr alles egal. Sie aß zum Teil mit den Händen, um sich herum verstreute sie Essens- reste. Ihr Gedächtnis und ihre Orientierung nahm von Tag zu Tag ab. Sie konnte später nur noch als dement wahrgenommen werden.

Diese Frau hat durch die Häufung von Todesfällen in ihrer nächsten Familie sicherlich ein Trauma erfahren und konnte ganz offensichtlich diesen erneuten Todesfall in ihrer Familie nicht mehr verkraften. Der Zusammenhang zwischen dem Tod der Tochter und ihrer beginnenden Demenz war mehr als deutlich.

Ihre Reaktion auf das für sie schreckliche Ereignis weckte in mir die Vermutung, daß die Flucht in die Demenz – wörtlich gemeint „den Geist wegmachen", also dissoziieren – die letzte Möglichkeit für Menschen ist, wenn sie das Leben nicht mehr ertragen können und sie keine anderen Möglichkeiten mehr haben, ihr Leben zu bewältigen.

In Altenheimen werden nach meiner Erfahrung selten Differentialdiagnosen gestellt. Wesentliche Gründe dafür sind meines Erachtens einmal die Kosten, die bei der hohen Anzahl von als dement diagnostizierten alten Menschen auf die Krankenkassen zukämen. Offensichtlich ist es preiswerter, demente alte Menschen mit Medikamenten ruhigzustellen. Hinzu kommt der Zeitaufwand, der nötig wäre, um solche differenzierten Diagnosen zu stellen. Forschungen über bestimmte Erkrankungen, so auch über die Demenz, werden zu einem großen Teil auch von Pharmakonzernen betrieben oder finanziert. Da ist es kaum verwunderlich, daß immer wieder Medikamente auf den Markt kommen, die eine Linderung der dementiellen Symtome versprechen. Altenheime und Projektstationen in Krankenhäusern, die mit Alternativen arbeiten, um dieses Symptome zu lindern und das Fortschreiten der Erkrankung aufzuhalten, wie zum Beispiel der Einsatz von ErgotherapeutInnen, Hirnleistungstrainings, Arbeit mit Tieren, Biographiearbeit usw., weisen zum Teil große Erfolge auf. Aber dafür braucht es mehr und geschulte Fachkräfte, einen höheren Stellen-schlüssel in der Pflege und altenfreundliche Krankenkassen und Pfle-geversicherungen, die so etwas bezahlen. Und nötig sind meiner Mei-nung nach ja auch PsychotherapeutInnen, die gerade mit alten Frauen zum Thema sexualisierte Gewalt arbeiten können.

Anders als bei dissoziativen Zuständen in jüngeren Jahren, in denen das Denken (und Fühlen) abgespalten wird, kommt es im Alter zu ei-nem schnellen Abbauprozeß der Nervenzellen, ähnlich wie bei Mus-kulatur, die nicht benutzt wird.

Ich erlebte später noch viele Frauen, die innerhalb kürzester Zeit dementiell wurden. Dies passierte immer im Zusammenhang mit Er-eignissen. Sei es, daß sie erfuhren, daß ihre Wohnungen aufgelöst und ihre Wohnungseinrichtung verkauft wurde, ohne daß sie es wollten. Sei es, daß Angehörige sie nicht mehr besuchten oder betrogen. Oder sie stärker pflegebedürftig wurden und verschiedene Pflegehandlun-gen nicht ertragen konnten.

Für mich liegt die Vermutung daher nahe, daß einerseits eine mög-liche Ursache für den Beginn bzw. Ausbruch einer Demenz verdrängte sexualisierte Gewalterfahrungen sein können, bzw. es sich anderer-seits um sogenannte Pseudodemenzen handeln kann.

Meine Erfahrungen im Umgang mit alten Frauen bestätigen, daß Demenz eine Bewältigungsstrategie alter Frauen darstellen kann, bzw. daß Abspaltung von der Außenwelt im Alter als Demenz gesehen und diagnostiziert wird. Das heißt, daß dann fälschlicherweise die Diagnose Demenz gestellt wird. Bei genauerer Ursachenforschung der „demetiellen" Symptome könnten diese eventuell therapiert werden. Bei alten Frauen, die schon an Symptomen leiden, können diese disso-ziativen Zustände eine Demenz weiterverstärken.

Interessant ist meines Erachtens, inwieweit Bewältigungsstrategien zeitgeschichtlich, kulturell, sozial unterschiedlich sind, das heißt, in-wieweit Frauen sich in ihren Bewältigungsstrategien den jeweiligen Gegebenheiten in ihrer Umwelt anpassen. Auffällig ist ja, daß heute junge Frauen in Überflußgesellschaften – auch als Folgen von sexua-lisierter Gewalt – etwa vermehrt an Eßstörungen wie zum Beispiel Anorexie (Magersucht) oder Bulimie (Eß-Brechsucht) leiden und die-se Erkrankungen bei den heute alten Frauen nach meiner Erfahrung und Kenntnis so gut wie nicht auftreten. Den Zusammenhang zwischen sexualisierter Gewalt – besonders in der Kindheit – und späteren Eßstörungen wird von vielen Therapeuten bestätigt, die mit diesen Frauen arbeiten (Schulte, 1998) Das NRW-Landesprogramm gegen Sucht von 1998 sagt aus, daß zwei von drei eßgestörten Frauen und Mädchen im Kindesalter sexuell traumatisiert wurden.

Die Erforschung und Belegung des Zusammenhangs zwischen zum Beispiel Demenz und nicht verarbeiteter sexualisierter Gewalterfahrungen ist sicherlich notwendig. Einerseits um den alten Frauen aus dieser Form der Bewältigung herauszuhelfen, da diese Form der Demenz, anders als bei hirnorganisch bedingten Demenzen, reversibel sein kann. Auch stellt die Erkrankung Demenz ein sehr großes Leiden dar – für die Betroffenen, sowohl als auch für deren Angehörige.

6. Alte Frauen in der stationären Pflege

„Mitunter sehe ich in der Tageszeitung Fotos von Frauen,
aufgenommen im Altersheim. Eine Polizeikapelle spielt alte Weisen
und eine Konditorei spendet Kaffee und Kuchen, wie zu einem
Kindergeburtstag. Wieder einmal entmündigt hat man ihre Haare
dauergewellt, freundlich lächelnd blicken sie in die Kamera."
(Schilling, 1996)

Eine Frau, die im Alter in einem Pflegeheim leben muß, weil sie sich
selbst nicht mehr versorgen kann, begibt sich damit wieder in eine Situation, in der sie viel Kontrolle abgeben muß. In eine Situation, in der
sie auf andere angewiesen ist, nicht mehr selbstbestimmt leben kann,
vielem ohnmächtig gegenübersteht. Durch den Umzug ins Heim oder
während eines Krankenhausaufenthaltes verliert die alte Frau ihr soziales und vertrautes Umfeld und ihre gewohnte Umgebung.

Sie kann sich nur selten das Heim aussuchen, in dem sie leben soll –
besonders seit der Gesundheitsreform der Kohl-Regierung, die darauf
abzielte, daß Alte so lang als möglich zu Hause von den Angehörigen
gepflegt werden. Das ist oftmals für die alten Menschen positiv, da sie
möglichst lange oder sogar bis zu ihrem Tod in ihrer Wohnung bleiben
können. Aber so kommen Sie oft erst dann in ein Altenpflegeheim,
wenn sich ihr körperlicher, seelischer oder geistiger Zustand so ver-
schlechtert hat, daß die Angehörigen mit der Pflege zu Hause völlig
überfordert sind. In diesem Zustand sind die alten Menschen kaum in
der Lage, selbstbestimmt ihren neuen Lebensraum auszuwählen. Altenheime nehmen zum Teil nur noch Alte auf, die von der Pflegeversicherung in Pflegestufe 3, d. h. in sehr hohem Maße pflegebedürftig,
eingestuft sind.

Durch die Pflegeversicherung werden die Kosten eines Altenheim-
platzes nicht gedeckt und die Heime müssen notgedrungen Personal
einsparen. Das heißt, daß immer weniger examinierte Pflegende ein-

gestellt bzw. weiterbeschäftigt werden können. Das hat für die alten Frauen zur Folge, daß sie einerseits von ungelernten Pflegenden betreut werden, die aus den unterschiedlichsten Motivationen in diesem Beruf arbeiten. Deren Wissensstand im medizinischen, pflegerischen, alterssoziologischen, altersphysiologischen, alterspsychologischen und rechtlichen Bereichen kann naturgemäß nicht ausreichend sein und so können Alte von diesen KollegInnen nicht angemessen betreut und gepflegt werden. „Ein gutes Herz und eine ruhige Hand" (Norbert Blüm, ehemaliger Arbeitsminister) reichen nicht aus, um zum Beispiel Notfallsituationen und notwendige Pflegemaßnahmen erkennen und leisten zu können. Auffallend ist übrigens, daß im Zuge der Arbeitslosigkeit auch in diesen traditionellen Frauenberuf immer mehr Männer drängen.

Andererseits bleibt dem vorhandenem Pflegepersonal noch weniger Zeit und kaum die Möglichkeit, die Frauen ganzheitlich, das heißt unter Einbeziehung von Psyche, Körper und Lebensgeschichte pflegen zu können. Pflegende sind so psychisch und physisch überlastet, und aus diesen Streßsituationen kann es auch zu Gewalt gegen alte Menschen kommen. Diese Gewalt muß sich nicht immer körperlich ausdrücken, auch das „Ruhigstellen" der alten Menschen durch Psychopharmaka stellt meines Erachtens Gewalt gegen sie dar.

Ein Arzt des medizinischen Dienstes, der eine Patientin auf der Station, auf der ich arbeite, „begutachtete", um sie entsprechend der Pflegeversicherung einzustufen, vertrat mir gegenüber die Meinung, daß alte Menschen nicht unbedingt von examinierten Pflegenden versorgt werden müßten. Das Waschen und sonstige Versorgungsleistungen könnten doch zum Beispiel ebenso arbeitslose Friseurinnen übernehmen. Abgesehen von der impliziten Diskriminierung gegen Frauen – er sah schließlich keine zum Beispiel arbeitslosen Manager vor – war er mit meinem Vorschlag, daß dann ja die arbeitslosen Alten- und Krankenpflegerinnen für die ÄrztInnen das Schreiben der Krankmeldungen für PatientInnen, Gespräche und das Verschreiben von Medikamenten übernehmen könnten, nicht einverstanden. Dazu brauchte es natürlich ein Studium der Medizin!

Solche Meinungen und deren Konsequenzen für alte Menschen müssen politisch bekämpft werden.

Eine alte Frau ist, bedingt durch ihre hohe Pflegebedürftigkeit, oft nicht mehr selbst in der Lage, sich in einem Heim ihrer Wahl anzumelden. Sie hat dann auf der Pflegestation kaum die Wahlmöglichkeit über ihr Zimmer, ihre Zimmernachbarin und über die Pflegenden, die sie betreuen werden. In fortschrittlicheren Häusern wird ihre Biographie erfragt, und sie werden nach bestem Wissen und Gewissen der Pflegenden versorgt.

Sie hat keine Aufgabe mehr in ihrem Leben und so keine Möglichkeit mehr, ihre Bewältigungsstrategien aufrecht zu erhalten. Die alte Frau in einem Altenpflegeheim oder auf einer Krankenhausstation ist den ganzen Tag mehr oder weniger untätig, angewiesen darauf, daß andere Menschen ein Aktivierungsprogramm für sie schaffen. Für eine alte Frau, die in ihrem Leben vielleicht nur Arbeit und keine Freizeit gekannt hat, gibt es jetzt Mal-, Sing-, Bastelgruppen. Sie wird nach ihren Hobbys gefragt und weiß doch kaum, was das ist. Hatte sie doch nie Zeit, Gelegenheit und Unterstützung, ihre Interessen zu entwickeln und zu leben.

Dieser Frau bricht die vertraute häusliche Umgebung fort, sie hat für nichts und niemanden mehr Verantwortung. Verantwortung für sich selbst hat sie nie gelernt. Es gibt keine Blumentöpfe mehr, um die sie sich kümmern kann, kein Vogel im Garten, dem sie Futter hinlegt, kein Hund mehr, der ausgeführt werden muß. Sie geht nicht mehr einkaufen, stellt keine Überlegungen mehr an, was sie kochen soll, was in ihrem Haushalt fehlt, sie besorgen oder organisieren muß. Sie kann nicht mehr aus ihrem Fenster gelehnt die NachbarInnen auf der Straße beobachten, keinen Anteil mehr nehmen an dem Leben in ihrer vertrauten Umgebung.

Alles wird ihr nun abgenommen, jede klitzekleine Entscheidung treffen andere Menschen für sie. Sie kann kaum noch bestimmen, wie sie sich wann was und wie oft wäscht. Ihre Körperpflege wird überwacht, dokumentiert, nach Reinlichkeitsprinzipien anderer verändert.

Durch die Pflege, die sie nötig hat, wird in ihren persönlichen Schutzraum eingegriffen, es gibt dadurch viele Situationen, die sie an ihre traumatischen Erlebnisse erinnern können. Vielleicht findet sie aber auch keine Verbindung zwischen den jetzigen Erlebnissen und ihren früheren Erfahrungen, kann ihre Gefühle, Symptome und Verhaltensweisen selbst nicht zuordnen, weil sie ihre Erlebnisse so sehr verdrängt hat und nie reflektieren konnte. Und empfindet sich selbst als verrückt, was ihr von außen dann ja auch signalisiert wird.

Bei alten Menschen läßt bekanntermaßen das Kurzzeitgedächtnis nach, das Langzeitgedächtnis wird stärker, das ist altersphysiologisch bedingt. Das heißt, daß Alte zunehmend mehr in ihrer Vergangenheit, in Erinnerungen aus ihrer Kindheit und Jugend leben, die ihnen oft näher sind, als das, was gestern war.

Durch diese Erinnerungen, die wieder so nah sind, erinnern sie auch wieder ihre Gefühle, erinnern sich an Geräusche, Gerüche, Orte, die mit dieser Zeit in Verbindung stehen. Oder heutige Geräusche, Gerüche, Begebenheiten, Gefühle erinnern sie an früher.

In einem Altenheim, in dem ich vor ein paar Jahren arbeitete, lebte eine alte Frau, die im täglichen Leben völlig unauffällig war, die allerdings fast jeden Abend nicht ins Bett wollte. Sie bekam abends und nachts Angstzustände. In der Nacht rief sie oft laut um Hilfe und auch auf das Erscheinen der NachtkollegInnen reagierte sie zuerst panisch. Morgens erzählte sie, daß in der Nacht Soldaten an ihrem Bett gewesen seien, die sie vergewaltigen wollten. Vom Pflegepersonal wurde daraufhin dokumentiert, daß diese Frau unter Halluzinationen und Wahnvorstellungen leidet.

Auch mein Hinweis darauf, daß diese Frau meines Erachtens an Erinnerungsblitzen von früherer erlebter sexualisierter Gewalt – wahrscheinlich Vergewaltigungen durch Soldaten – litt, und vielleicht auch durch die Schritte der KollegInnen in der Nacht daran erinnert wurde, bewahrte diese Frau nicht vor der Einnahme des Psychopharmakons Haldol® bis an ihr Lebensende. Es wurde ihr vom Neurologen des Heims verordnet, ohne daß sie selbst eingehend von ihm zu ihren Ängsten befragt wurde. Diese ernst zu nehmen, entlastende und eventuell therapeutische Gespräche, abends Licht im Zimmer, leise Schuhe der NachtkollegInnen, öfter nach ihr sehen und mit ihr sprechen, hätte ihr sicher mehr geholfen, als Haldol® mit all seinen schwerwiegenden Nebenwirkungen.

Zudem sind die alten Menschen in der Institution Krankenhaus oder Altenheim fremdbestimmt. Sie haben auch hier kaum eine Möglichkeit, sich Gewalt – gewollter oder ungewollter, bewußter oder unbewußter – zu entziehen. Ich habe alte Frauen erlebt, die dreimal wöchentlich Abführzäpfchen erhielten oder deren Stuhlgang digital – das heißt mit dem Finger – ausgeräumt wurde und die sich massiv dagegen zu wehren versuchten. Sie wurden dann in der Regel durch zwei Pflegekräfte festgehalten.

Alte Menschen schlucken Medikamente, kaum bis gar nicht aufgeklärt über die erwünschten Wirkungen, und kennen keine Alternativen dazu. Bei den meisten ihrer Symptome werden von ÄrztInnen Medikamente verabreicht. Es ist nicht selten, daß sie – besonders Frauen – bis zu 20 verschiedene Medikamente und mehr pro Tag verabreicht bekommen, es werden oft Nebenwirkungen von Nebenwirkungen behandelt. Es passiert häufig, daß Nebenwirkungen von Medikamenten nicht erkannt werden, von ÄrztInnen als Krankheitssymptome diagnostiziert, von Pflegenden als Erkrankungen beobachtet und dokumentiert werden. Zum Beispiel wird das Symptom Verwirrtheit mit einem Psychopharmakon „behandelt", obwohl es Folge einer Überdosierung eines Herzpräparates ist (Überdigitalisierung). Oder eine alte Frau wird mit einem Antidepressivum behandelt, weil sie den ganzen Tag apathisch und unmotivierbar in ihrem Bett liegt. Sie ist aber vielleicht benommen von ihren Schlafmitteln, die sie jeden Abend bekommt und die eine Halbwertzeit (die Zeit, in der sich ein Medikament zur Hälfte im Körper abbaut) – je nach Wirkstoff und Menge – von zum Beispiel 50 Stunden und mehr haben. Auch solche Fehler passieren natürlich häufiger dort, wo Pflegende und ÄrztInnen auch unter Zeitdruck stehen, der es ihnen manchmal sehr schwer macht, genauere Ursachenforschung für die einzelnen Symptome zu betreiben.

Auch alte Frauen haben das Recht darauf, bestimmen zu können, was mit ihrem Körper und ihnen geschieht. Ein Recht auf Aufklärung über Wirkungsweisen und Nebenwirkungen von Medikamenten. Wenn ihnen dieses Recht verweigert wird, wird ihnen damit Gewalt zugefügt. Sie werden so in eine Situation gebracht, in der sie hilflos und ohnmächtig sind. Und sie spüren natürlich, genauso wie jüngere, Veränderungen in ihrem Körper.

ÄrztInnen sind oft nicht ausreichend ausgebildet, um alternative Heilmethoden, wie zum Beispiel Naturheilverfahren, anordnen zu können. Dies wäre auch nicht im Sinne der Pharmaindustrie. Psychotherapien gibt es für Alte in der Regel nicht, obwohl doch auch bei ihnen viele Erkrankungen psychisch bedingt sind. Medikamente zu verschreiben geht soviel schneller und einfacher als langwierige Gespräche zu führen, um Ursachen auf den Grund zu kommen. Gespräche könnten zum Teil schon dadurch heilend wirken, daß sich die PatientInnen ernst genommen sehen.

Auch von Pflegenden werden alternative Pflegeverfahren wie zum Beispiel Wickel und Auflagen oder Kneippsche Therapie oft nicht eingesetzt, wiederum aus Zeitnot oder aus einem fehlenden Wissen darum. Alternative Pflegeverfahren werden an den Schulen meiner Ansicht nach zu wenig gelehrt. Auch in Pflegefachzeitschriften werden solche Verfahren und Erfahrungen damit beschrieben.

In Altenheimen ist es in der Regel so, daß eine ärztliche Visite ein bis viermal im Monat erfolgt und – auch in Krankenhäusern – oftmals in zwei Minuten beendet ist. In Krankenhäusern ist es hierarchiebedingt, daß ärztliche Verordnungen vom Pflegepersonal stets ausgeführt werden, es oftmals nicht dazu kommt, daß ÄrztInnen auf eventuelle Fehler aufmerksam gemacht werden, um die Kompetenz der ÄrztInnen – mit denen Pflegende, anders als im Altenheim, täglich zusammentreffen – nicht anzuzweifeln.

Kaum einmal kommt das Pflegepersonal auf die Idee, eine alte Frau selbst zu fragen, warum sie sich ihrer Meinung nach so fühlt, wie sie sich fühlt. Die Pflegenden beobachten etwas, planen Maßnahmen und führen sie durch, meist ohne sie mit der alten Frau zu besprechen oder sich mit ihr, die ihren Körper und sich schon so lange kennt – und es bisher immerhin ohne andere geschafft hat, so alt zu werden – zu beraten.

Oft haben jüngere Menschen die Vorstellung, Alte haben ihr Leben gelebt, kennen nicht mehr die Gefühle, Wünsche, Bedürfnisse, Träume wie wir, die wir jünger sind. Eine 80jährige Frau, Patientin auf der Station, auf der ich arbeite, sagte kürzlich zu mir: „Ich denke und fühle genauso wie Du.
"

Auch Frauen, die dement sind, verfügen über Fähigkeiten, die erkannt und eingesetzt werden müssen. Einer dementen Frau wird oftmals gar nichts mehr zugetraut, aber auch sie weiß oft noch, wie sie sich in bestimmten Situationen geholfen hat.

Einerseits erleben alte Frauen in Krankenhäusern und Altenheimen einen Verlust ihrer vertrauten Bewältigungsstrategien, andererseits befinden sie sich in den Institutionen erneut in Situationen, denen sie ohnmächtig und ohne eigene Kontrollmöglichkeiten gegenüberstehen und so kann es zu psychischen und somatischen Reaktionen kommen.

Für eine Frau, die sexualisierte männliche Gewalt erlebt hat, ist es das schlimmste, was ihr passieren kann, wieder in Situationen zu geraten, über die sie keine Kontrolle hat. Besonders keine Kontrolle darüber, was mit ihrem Körper geschieht. Diese Kontrollosigkeit kann heftige Panikgefühle bei ihr auslösen.

Es bleibt in der Verantwortung des Pflegepersonals, das die alten Frauen 24 Stunden am Tag erlebt und betreut, Beobachtungen im richtigen Zusammenhang zu machen, Ursachen zu erforschen, um Einfluß auf die Therapie nehmen zu können. Darauf sind sie angewiesen – demente Frauen verstärkt – und nur, wenn Pflegende mögliche Ursachen kennen, können sie als solche auch erkannt und entsprechend behandelt werden. Dies gilt für einen erhöhten Blutdruck oder Fieber bei einem geröteten Gesicht, für Obstipation (Stuhlverstopfung) bei einem harten Bauch, für Überdigitalisierung bei Verwirrtheitszuständen als auch für traumatische Erlebnisse wie sexualisierte männliche Gewalt bei entsprechenden psychischen Verhaltensweisen und somatischen Reaktionen.

6.1. Alte Frauen in der ambulanten Pflege

Im Gegensatz zu den Frauen, die in ein Altenheim übersiedeln müssen, behalten hier die Frauen ihre vertraute Umgebung und in der Regel ihr soziales Umfeld.

Aber auch hier sollten Pflegende – ob professionelle oder andere – auf die Biographie in Hinblick auf mögliche Traumatisierung durch sexualisierte männliche Gewalt schauen.

Professionell Pflegende treffen hier einerseits auf pflegebedürftige Frauen, die zum Teil auch noch mit ihren Ehemännern zusammenleben und andererseits auf Frauen, die ihre Ehemänner oder Väter pflegen.

Obwohl pflegebedürftige Frauen in der Sicherheit ihres eigenen Umfeldes leben und in dieser Situation mit professionell Pflegenden viel stärker als Kundinnen angesehen werden, deren Wünsche stärker als in Institutionen berücksichtigt werden (können), ist es so, daß die Frauen durch ihre Pflegebedürftigkeit in einer hilflosen Rolle sind, in der sie auf fremde Menschen angewiesen sind. Und es hier – genauso wie in Heimen oder Krankenhäusern – zu Pflegehandlungen kommt, die eine alte Frau an ihr Trauma erinnern lassen kann.

Zudem gibt es in den Familien oft ein großes Gewaltpotential, bedingt durch die meist völlige Überforderung der pflegenden Angehörigen und auch psychischen Überforderung der zu Pflegenden. Mit Gewalt ist hier nicht unbedingt physische oder bewußte Gewalt gemeint, obwohl ich auch diese Form von Gewalt in meiner Zeit in der Ambulanten Pflege gesehen habe. Zum Beispiel erlebte ich einmal einen Ehemann, der, selbst im Rollstuhl, seine bettlägerige Frau betreute. Der Ambulante Dienst kam nur dreimal täglich zur Pflege der Ehefrau. Er hatte seine Frau mit seinem Stock geschlagen, als sie zum wiederholten Male etwas von ihm gebracht bekommen wollte. Eine Ehefrau schlug in meinem Beisein ihren bettlägerigen Mann auf die Hände, weil dieser seinen Saft im Bett umgeworfen hatte und sie nun schon wieder das Bett neu beziehen mußte. Häufiger passieren allerdings andere Formen von Gewalt durch Überforderung. Daß zum Beispiel die Pflegebedürftigen von ihren Angehörigen in ihrem Urin oder Stuhl liegengelassen, nicht zurToilette geführt werden und sich so wundliegen, ab nachmittags nichts mehr zu trinken bekommen, damit sie nachts nicht so oft zur Toilette geführt werden müssen oder daß sie in ihrem Zimmer eingeschlossen werden, weil Angehörige zur Arbeit müssen. Pflegende Ehefrauen erzählten mir öfter, daß ihre Ehemänner ständig zur Toilette gebracht werden wollten, obwohl sich dann herausstellt, daß sie gar nicht mußten. Oder daß sie genau dann ihre Hilfe brauchten, wenn sie sich gerade mal eine halbe Stunde hingelegt oder Besuch von der Nachbarin hatte. Hinzu kommt, das hier sicher auch oft alte Geschichten aus der Beziehung ausgetragen werden.

Aber auch Erzählungen von professionellen Pflegenden, die in der Ambulanten Pflege tätig sind und die Frauen zuhause betreuen, berichten nicht selten über Vermutungen hinsichtlich Vergewaltigungen von Ehemännern an ihren dementen Frauen

In der Ambulanten Pflege sind Pflegende sicherlich verstärkt gefordert. Einerseits darauf zu achten, selbst mit Pflegemaßnahmen keine Situationen für die Frauen zu schaffen, die sie an frühere sexualisierte männliche Gewalt erinnern lassen. Andererseits sensibel für mögliche aktuelle sexualisierte männliche Gewalt durch die pflegenden Ehemänner zu sein.

Bei einem Vortrag, den ich zu diesem Thema hielt, erzählte eine Kollegin aus ihren Erfahrungen in der ambulanten Pflege. Sie berichtete von einer Frau, die mit ihrem Ehemann zusammenlebte. Die Kollegin kam zu der Frau, um sie in ihrer Körperpflege zu unterstützen. Als sie der alten Frau einmal in die Badewanne geholfen hatte, bekam diese Frau eine Panikattacke. Aus ihren Äußerungen ging hervor, daß sie oft von ihrem Mann in der Badewanne vergewaltigt wurde. Sie erlitt einen Schlaganfall und verstarb später an den Folgen.

Als ich in der ambulanten Pflege gearbeitet habe, kam es oft vor, daß Frauen männliche Pflegende ablehnten. Sie öffneten zum Teil gar nicht die Tür oder schickten sie wieder weg.

Diese Frauen galten oft als unkooperativ, verwirrt oder krankheitsuneinsichtig.

Leider waren nicht alle alten Frauen in der Lage, sich durchzusetzen. Auch in dieser Situation sind sie auf Hilfe angewiesen und gehen über ihre Grenzen, weil sie es nicht gewohnt sind, sie zu setzen. Fast immer kann es auch hier den Frauen sicherlich nicht bewußt sein, daß bei bestimmten Pflegehandlungen Erinnerungen aufkommen können, da ihnen meist auch diese Erinnerungen nicht bewußt sind.

Bei Ehefrauen, die ihre Männer pflegen und von der ambulanten Pflege unterstützt werden, sind die Rollen dann umgekehrt. Hier sind auf einmal die Männer diejenigen, die hilflos ihren Frauen ausgeliefert sind. Trotzdem sind viele dieser Frauen weiter in der Opferrolle, da sie sich aufgeben (müssen), um ihre Männer rund um die Uhr zu versorgen und zu pflegen. Frau stelle sich vor: jahrelang hat der Ehemann seiner Frau vielleicht sexualisierte männliche Gewalt angetan und nun muß sie ihn pflegen, oftmals bis an den Rand der Erschöpfung und darüber hinaus.

Ich erlebte viele alte Männer, die ich gepflegt habe und die kaum noch in der Lage waren, selbständig zu essen oder ihre Körperpflege durchzuführen. Sie griffen mir zwischen die Beine oder an meine Brüste. Ich konnte mir dann selten vorstellen, daß sie dies nur bei mir taten, nie bei ihren Ehefrauen oder Töchtern.

Von Pflegenden werden solche Handlungen von pflegebedürftigen Männern oft mit Bermerkungen wie „sie wissen nicht mehr, was sie tun" kommentiert, Erektionen bei der Intimpflege werden als „biologische" Reaktion erklärt, auf die sie keinen Einfluß haben.

Merkwürdig ist es allerdings schon, daß einer Frau zwischen die Beine zu greifen oftmals das einzige und letzte ist, was sie motorisch noch leisten können. Ich habe auch sehr viele Männer erlebt, denen ich zum Beispiel ein Urinalkondom anlegen mußte und die keinerlei „biologische" Reaktion zeigten. Bekanntlich entstehen Erektionen bei Männern im Kopf.

Auch wenn ich keineswegs Gewalt gutheiße, auch keine Gewalt gegen Männer, so kann ich mir doch erklären, wie es dazu kommen kann, daß pflegende Ehefrauen ihren pflegebedürftigen Ehemännern manchmal Gewalt antun.

6.2. Alte Frauen in der Gerontopsychiatrie

> Die Tyrannei der Männer ist Ursache fast aller
> Geisteskrankheiten der Frauen.
> Mary Wollstonecraft, Frauenrechtlerin, 1793

Schätzungen von Dr. Andrea Hüttner* zufolge, die auf ihren Erfahrungen als Psychiaterin basieren, haben 75 % aller Frauen in der Psychiatrie sexualisierte männliche Gewalterfahrungen (Hüttner, 1997). Sie wurden eingewiesen oder gingen selbst dorthin. Wegen Suizidversuchen, Suchtproblemen, Verwahrlosung, mit den Diagnosen Borderline, Psychose und Schizophrenie.

Judith Lewis Herman nennt ähnliche Zahlen, bei denen sie sich auf Untersuchungen der Universität Amsterdam von 1989 und US-amerikanische Untersuchungen von 1987 (A. Jakobsen und B. Richardson) beruft. „70 Prozent der Patienten, die im Rahmen einer anderen Untersuchung in der Notaufnahme einer psychiatrischen Klinik befragt wurden, berichten von Mißbrauchserfahrungen in der Kindheit. Somit ist Mißbrauch in der Kindheit offensichtlich einer der Hauptfaktoren bei den Menschen, die als Erwachsene psychiatrische Behandlung in Anspruch nehmen müssen." (Herman, 1993, S. 171)

Auch diese von Judith Lewis Herman zitierten Zahlen scheinen wahrscheinlich und können meines Erachtens auf Deutschland übertragen werden, wenn man bedenkt, daß allein in der Bundesrepublik jährlich 200.000 bis 300.000 Kinder sexuell traumatisiert werden. (Olbricht, 1997, S. 100)

---

* Dr. Andrea Hüttner, von 1986–1992 tätig an der Psychiatrischen Universitätsklinik Leipzig im stationären und ambulanten Bereich. Schwerpunkte: Sozialpsychiatrie unter feministischem Aspekt, Psychiatriekritik, Betreuung von Frauen mit Psychosen, Multipler Persönlichkeit und/oder sexuellen Gewalterfahrungen (Schneider/Tergeist 1993, S. 329).

Über Frauen in der Gerontopsychiatrie gibt es meines Wissens nach keine derartige Untersuchung, aber die Vermutung über ähnliche Zahlen liegt nahe. „Die Begründung einer eigenen Wissenschaft von den psychischen Erkrankungen alternder Menschen steht gegenwärtig noch in den Anfängen. Ob es in Abgrenzung zur Allgemeinpsychiatrie eigene gerontopsychiatrische Methoden und Theorien gibt, ist fraglich." (Grauzonen der Psychiatrie, 1995, S. 14)

Mittlerweile gibt es sehr viele Untersuchungen und Forschungen von MedizinerInnen, PsychologInnen und PsychotherapeutInnen, die den Zusammenhang zwischen psychischen Erkrankungen von Frauen und sexualisierten männlichen Gewalterfahrungen herstellen.

Als Beispiel sei hier nur das relativ bekannte Buch „Zart war ich, bitter war's", herausgegeben 1995 von Ursula Enders, publiziert im Kiepenheuer & Witsch Verlag, Köln. In diesem „Handbuch gegen sexuelle Gewalt an Mädchen und Jungen" beschreiben die AutorInnen – Diplom-PädagogInnen, Diplom-PsychologInnen, Diplom-SozialarbeiterInnen, klinische PsychologInnen und Diplom-SozialpädagogInnen – diese Zusammenhänge. Die meisten sind MitarbeiterInnen von Zartbitter und Wildwasser und arbeiten täglich mit den Opfern sexualisierter Gewalt. Die Symptome von den Betroffenen reichen von zum Beispiel Schlafstörungen, Konzentrationsstörungen, Hauterkrankungen über Eßstörungen, Depressionen, zwanghaftes Verhalten bis hin zu Autismus oder Multiplen Persönlichkeitsstörungen. (Enders, 1995, S. 76 ff)

Bei alten Frauen werden psychische und psychiatrische Erkrankungen meiner Erfahrung nach meist mit altersphysiologischen Veränderungen bzw. Alterserkrankungen wie zum Beispiel Demenz, Altersverwirrtheit, Hirnorganisches Psychosyndrom oder Altersdepression erklärt, und die Konsequenz davon ist eine Symptombehandlung mit Psychopharmaka. Auch bei psychotischen Krankheitsbildern wird bei ihnen äußerst selten eine Ursachenforschung betrieben.

Ursachenforschung bei alten Frauen, besonders unter dem Aspekt „sexualisierte Gewalterfahrungen", kenne ich weder aus meiner langjährigen Erfahrung in Altenheimen – auch auf gerontopsychiatrischen Stationen –, noch erlebe ich sie bei den vielen Frauen, die ich in der ambulanten Pflege kennengelernt habe oder auch bei denjenigen, die mit meist körperlichen Erkrankungen auf der Geriatrischen Station eingewiesen werden, auf der ich zur Zeit arbeite. Dort, wo keine Ursachenforschung betrieben wird, können auch die möglichen Ursachen keinen Einzug finden in die Art der Therapie.

Irene Johns, Diplom-Pädagogin, Leiterin des Kinderschutzzentrums in Kiel mit dem Schwerpunkt Therapeutische Arbeit mit sexuell mißhandelten Kindern und Erwachsenen und Transaktionsanalytikerin, sieht dies ähnlich: „In der psychiatrischen Diagnostik wird sexuelle Mißhandlung als eine mögliche Ursache für eine Erkrankung übersehen. Oder es heißt: Die Patientin ist schizophren und sie ist als Kind sexuell mißhandelt worden. Zwischen beiden Fakten wird jedoch keine Verbindung hergestellt. Entsprechend hat die Tatsache einer sexuellen Mißhandlung für die therapeutische Arbeit keine Konsequenz." (Schneider/Tergeist, 1993, S. 115)

In meiner sechsmonatigen Tätigkeit auf einer geschlossenen gerontopsychiatrischen Station in einer Landesklinik für Psychiatrie lernte ich viele Frauen kennen – es war eine gemischte Station, ca. 90 % waren Frauen –, die meines Erachtens zu einem großen Teil Symptome des Posttraumatischen Belastungssyndroms zeigten. Sie waren regressiv, aggressiv, zum größten Teil depressiv und manche wahnhaft. Aus diesen Symptomen im Zusammenhang mit ihren sonstigen Verhaltensweisen und auch manchen Erzählungen ließ sich dies schließen.

Ich erlebte zum Beispiel eine 70jährige Frau, die sich ständig auszog, den Mitpatienten auf den Schoß setzte und sich ständig wusch. Auch stand sie oft stundenlang vor dem Toilettenspiegel und „cremte" sich ihr Gesicht mit Seife und Zahnpasta ein. Sie hatte die Diagnose Schizophrenie, bekam in Höchstdosen Haldol®verabreicht, es wurden Truxal®, Imap®, Dipiperon®, teilweise in Kombination, bei ihr ausprobiert. Nichts half, sie legte ihr auffälliges und zum Teil störendes Verhalten nicht ab. Sie wurde fixiert und befreite sich daraus.

Sie erzählte mir einmal, daß sie ab ihrem fünften Lebensjahr jahrelang von ihrem Bruder sexuell traumatisiert wurde. Sie habe früh geheiratet, auch, um aus dieser Familie herauszukommen, und daß ihr Mann von ihr nur verlangte, daß sie schön sei, sich pflege und für ihn da sei, wenn er nach Hause komme. Sie hatte ansonsten keinerlei Aufgaben in ihrem Leben.

Diese Frau, wie auch so viele andere, kennt ihren eigenen Wert nur über ihre Sexualität. Das hat sie von Kindheit an vermittelt bekommen. Und so verhielt sie sich auch auf der Station. Kontaktaufnahme mit MitpatientInnen war für sie nur möglich, indem sie ihren Körper anbot.

Die Stationsärztin, der ich dies erzählte, sah keinen Zusammenhang zwischen ihrer Geschichte und ihrem „irren" Verhalten. Sie hatte noch gelernt, daß Schizophrenie angeboren und nicht heilbar sei. Die Ärztin stufte diese Frau als unkooperativ ein, beklagte sich darüber, daß die Patientin nicht bereit sei, mit ihr zusammen zu arbeiten(!) Der Pa- tientin wurden oftmals mit Gewalt die Medikamente verabreicht, da sie sich der Einnahme verweigerte.

Es wurde und wird also verlangt, daß PatientInnen nichts lieber tun, als sich mit Psychopharmaka behandeln zu lassen. Wenn aber – wie in diesem Falle – davon auszugehen ist, daß diese Frau an dem Posttraumatischem Belastungssyndrom aufgrund jahrelanger erlebter sexualisierter männlicher Gewalt litt, kann sie mit Psychopharmaka natürlich nicht geheilt werden. Psychopharmaka behandeln bekanntlich lediglich Krankheitssymptome und sehr viele dieser Medikamente unterdrücken Gefühle.

Ich hatte gehofft, daß diese Frau auf eine reine Frauenstation verlegt würde und eine Psychotherapie angeboten bekäme. Sie bekam – Elektroschocks. Asmus Finzen schreibt dazu (1998, S. 214): „Bei Therapieresistenz und Lebensgefahr ist die perniziöse Katatonie (gefährliche und extreme Bewegungsstörung, mit stark erhöhter Temperatur und Pulsschlag, meist im Zusammenhang mit einer Schizophrenie, M.B.) die einzige Indikation zur Elektrokrampfbehandlung im Rahmen der Schizophreniebehandlung geblieben."

Später hörte ich von Kolleginnen, die auf dieser Station arbeiten, daß diese Frau aus der Psychiatrie wieder nach Hause entlassen worden ist, da es ihr danach wieder „gut" gegangen sei und sie wieder mit ihrem Ehemann zu Hause lebe. Ich denke, daß es vor allem dem Ehemann wieder gut gegangen ist, mit seiner nun wieder „funktionstüchtigen" Frau.

Seit einiger Zeit wird in Deutschland wieder verstärkt die „Therapie" Elektroschock in den Psychiatrien angewendet, meist bei ansonsten „therapieresistenten" depressiven PatientInnen. Diese Frau hatte die Diagnose Schizophrenie, zu deren Behandlung mit Elektroschock Peter Lehmann schreibt: „... deren Ziel die Ausmerzung mutmaßlich erkrankter Nervenzellen ist. (...) Elektroschock-Behandlungen verwandeln tobende Patienten in ruhige, fügsame, kooperationsbereite Individuen." (Lehmann, 1990, S. 66 ff)

Diese Patientin sollte also auch ruhig, fügsam und kooperativ gemacht werden, damit sie wieder ihre Rolle als Frau und Ehefrau ausfüllen konnte. Daß Elektroschocktherapie nachweislich zu unwiderruflich zerstörten Nervenzellen, zu Gedächtnisstörungen und sonstigen Schäden führt, wurde hier in Kauf genommen.

„Bei Untersuchungen an Gehirnen solcherart klassisch behandelter ‚Schizophrener' fanden Psychiater und Neurologen vorwiegend anläßlich von Autopsien (Leichenöffnungen) immer wieder die unterschiedlichsten Hirndeformationen." (ebd. S. 69) Es ist nicht davon auszugehen, daß die Gehirne von depressiven Menschen nach Elektroschock„behandlungen" anders aussehen.

Frauen werden diskriminiert, beschimpft, mißhandelt, sexuell traumatisiert, vergewaltigt. Frauen, die auch wegen dieser erlebten Gewalt gegen sie, nicht mehr in der Lage sind zu funktionieren – so wie die Gesellschaft es verlangt –, ihr Leben nicht mehr bewältigen können, psychiatrische Symptome zeigen, unter Umständen suizidale Handlungen an sich vollbringen und sich hilfesuchend an PsychiaterInnen und NeurologInnen wenden, werden in Psychiatrien eingeliefert. Dort geht die Gewalt gegen sie weiter und sie bleiben weiterhin Opfer. Die oben beschriebenen wahrscheinlichen Schäden durch Elektroschock„therapien" und mögliche bleibende Schäden durch Nebenwirkungen aus den Psychopharmaka"therapien", wie zum Beispiel Hirnleistungsstörungen, Parkinsonsymptome (trippelnden Gang, Koordinationsstörungen, starker Speichelfluß, Einschränkung motorischer Bewegungsabläufe, Zittern, starre Mimik, Schluckstörungen usw.), Kreislauflabilität, Pulsrasen, Blut- und Leberschäden und vieles andere mehr und auch Fixierungen werden in Kauf genommen, um sie wieder „funktionstüchtig" zu machen, ruhig zu stellen oder aber sie lebenslang in Psychiatrien verschlossen zu halten.

In Akutsituationen mögen Psychopharmaka sinnvoll sein, auch um die PatientInnen überhaupt erst einmal in die Lage zu versetzen, daß sie an anderen Therapien teilnehmen können. Wenn aber, wie es sehr oft geschieht und auch gerade im besonderen bei alten Frauen, Psychopharmaka als einzige und jahrelange, zum Teil lebenslange Behandlung durchgeführt wird, ist dies in meinen Augen völlig unzureichend und so wird Frauen nur soweit geholfen, daß sie mit ihren Erkrankungen leben können. Diese Frauen erfahren so keine Hilfe in ihren ursächlichen Problemen. Durch die zum Teil sehr gravierenden Nebenwirkungen der Psychopharmaka haben sie zusätzliche Probleme, mit denen sie meist allein gelassen werden. Gerade auch bei alten Frauen, die oftmals in einem schlechteren Gesundheitszustand sind als jüngere, können diese Nebenwirkungen verheerende Folgen auf ihr Leben haben. Bei einer alten Frau, die vielleicht an einer rheumatischen Erkrankung und an anderen Beschwerden ihres Bewegungsapparates leidet und zum Beispiel Angstzustände hat, ist es meiner Meinung nach unverantwortlich, monate- oder jahrelang ein Psychopharmaka zu verabreichen, das unter anderem die Einschränkung motorischer Bewegungsabläufe bewirkt. So wird sie immer immobiler, schließlich bettlägerig, ihrer letzten Kräfte beraubt. Und vielleicht hat sie immer noch Angst, kann sie jetzt nur nicht mehr artikulieren. In meinen Augen schaden diese Behandlungsmethoden besonders alten Fraue mehr als sie ihnen nutzen.

Trude Unruh, Gründerin des Senioren-Schutzbundes „Graue Panther" e.V. sieht dies ähnlich: „Wie schädlich die normale psychiatrische ‚medikamentöse' Behandlung ist, haben in letzter Zeit einige Studien zutage gebracht. So haben Mediziner zum Beispiel nachgewiesen, daß in psychiatrischen Einrichtungen neuroleptikabehandelte alte Menschen unter der Wirkung dieser Mittel überdurchschnittlich oft hinfallen, Oberschenkelhalsbrüche usw. erleiden und deshalb vergleichsweise früher sterben als Menschen, die keine psychiatrischen ‚Medikamente' einnehmen müssen (Ray u.a., 1987, zitiert nach Lehmann, 1993, S. 72).

Dr. Andrea Hüttner beschreibt Psychose unter anderem als Verirrung in der Zeit, hervorgerufen durch Erinnerungsblitze. Das heißt, eine Situation wird spontan erinnert, ausgelöst durch einen bestimmten Geruch, ein bestimmtes Wort, eine Situation, die ähnliche Gefühle hervorruft oder Bilder des Traumas. Die Frau wird von denselben Gefühlen überschwemmt, die sie bei ihrer früheren Erfahrung hatte und reagiert entsprechend – in unseren Augen – wahnhaft. Diese Reaktionen weisen symbolisch auf das Trauma hin; die Folge ist allerdings meistens die Diagnose Schizophrenie. (vgl. Hüttner, 1997)

Psychose „...bezeichnet im klinischen Alltag eine seelische Störung irgendeiner Art, welche für das psychosoziale Umfeld nicht mehr einfühlbar geworden ist..." (Hafner, 1993, S. 83). „Psychosen sind somato-psychische Störungen, deren organische und psychische Ursache meist unbekannt ist und die einen starken Abbau (bis zur Zerstörung) der Persönlichkeit zur Folge haben." (Michel, 1990, S. 326)

Interessanterweise wird bei Michel auf folgendes hingewiesen: „Überzufällig häufig wird bei Unterschichtangehörigen eine Psychose diagnostiziert und eine dementsprechende Behandlung (meist Einweisung in eine psychiatrische Klinik) eingeleitet, bei Angehörigen gehobener sozialer Schichten wird häufiger eine Neurose festgestellt und psychotherapeutisch behandelt." Wiederum sind hiervon meist alte Frauen betroffen, da Frauen besonders im Alter meistens sehr geringe Rentenbezüge erhalten, da sie ja weniger und wenn, dann meistens schlechter bezahlt als Männer erwerbstätig waren.

Viele der Frauen, die ich in der Gerontopsychiatrie erlebte, machten mehr oder weniger offene Bemerkungen oder Andeutungen über allzu strenge Väter, über männliche Verwandte, die in den Krieg gezogen waren und von ihnen nicht vermißt wurden. Andeutungen über Brüder, Onkel, Großväter, die sie nicht mochten, über deren Auszug sie froh waren und über ihre Ehemänner, die aus dem Krieg zurückkamen und mit denen es für sie sehr „schwierig" war und sie wiesen in ihrem Verhalten auf ein Trauma und auch auf erlebte sexualisierte männliche Gewalt hin.

Die Standardmedikation für die Frauen war Eunerpan®, dies Medikament bekam annähernd jede neu aufgenommene alte Frau auf dieser Station, (die Stationsärztin sagte oft: „Geben wir ihr mal ein bißchen ‚Eunerpänchen'.") und es wurde dann später entsprechend durch andere Psychopharmaka ergänzt.

Schon die sprachliche Verharmlosung dieses Medikaments alleine zeigt, wie wenig die Folgen für Frauen, die damit behandelt werden, bedacht werden. Eunerpan® ist ein niederpotentes Neuroleptikum und ein Mittel unter anderem gegen Psychose. Die wenigsten alten Frauen, die dieses Medikament erhalten, leiden an Psychosen. Es wird oftmals gegeben– und vom Hersteller auch empfohlen – bei den Symptomen Desorientierheit, psychomotorische Unruhe und Schlafstörungen besonders im Alter. Die Nebenwirkungen können auch hier verheerend sein – und so empfiehlt auch Langbein in dem Buch „Bittere Pillen" (1992, S. 131) die Anwendung von Eunerpan® nur bei Psychosen, da hier die Nebenwirkungen „vertretbar" seien: Benommenheit, Krämpfe, Zittern, Unruhe, unheilbare Bewegungsstörungen, Leberschäden und Hemmung der intellektuellen Leistungsfähigkeit. Da werden also alte Frauen, die an Demenz erkranken können oder schon erkrankt sind, Medikamente verabreicht, die unter anderem das Symptom der Demenz fördern können, nämlich das Schwinden der intellektuellen Leistungsfähigkeit.

Die Diagnosen lauteten oftmals Altersverwirrtheit, Hirnorganisches Psychosyndrom, Demenz vom Alzheimer Typ, Depression und selten Akute Psychose und Schizophrenie.

Fast alle alten Frauen in dieser Gerontopsychiatrie erhielten zusätzlich Schlafmittel und wurden teilweise wegen Unruhe und daraus resultierender Sturzgefahr fixiert. Die Patientinnen blieben so lange auf dieser Station, bis sie medikamentös ein- bzw. ruhiggestellt waren und wurden dann meist in Altenheime verlegt. Bei keiner dieser Patientinnen wurde eine Psychotherapie angewendet.

In den Altenheimen bekommen die Frauen dann oft bis an ihr Lebensende weiterhin Psychopharmaka verabreicht.

Frauen, die sich gegen diese Behandlung zu wehren versuchten, wurden als aggressiv und unkooperativ eingestuft. Die Folge waren oft Fixierungen im Bett. Diese Fixierungen bestanden darin, ein Bettgitter anzubringen und gleichzeitig die Frauen mit einem Bauchgurt zu fixieren, damit sie nicht die Möglichkeit hatten, über das Bettgitter zu klettern und um die damit erhöhte Sturzgefahr für sie auszuschließen. Da manche Frauen sich auch aus diesem Bauchgurt befreiten, wurden sie „diagonal", das heißt an einer Hand und an dem gegenüberliegendem Fuß an das Bett fixiert. Auch sogenannte Fixierungsdecken, die den ganzen Körper der Frau einschließen und an das Bett binden, wurden benutzt. Sie wurden so zum Teil inkontinent, hatten keine andere Möglichkeit, als ins Bett zu urinieren, bekamen Druckgeschwüre, litten an sensorischer Deprivation (Eine langanhaltende und vollständige Ausschaltung aller Sinneseindrücke beim Menschen. Dieser Entzug der Sinneseindrücke kann schon nach einigen Tagen zu schweren Störungen führen, wie zum Beispiel Konzentrationsschwäche, Halluzinationen und Depression). Die Folge war, daß sie teilweise durch die „Behandlung" zu einem Pflegefall wurden und endgültig ihrer Lebensmotivation beraubt wurden. Diese Fixierungen wurden auch bei Frauen angewendet, die gangunsicher und daher sturzgefährdet waren. Ich erinnere mich zum Beispiel an eine Patientin auf dieser Station, die fixiert wurde, tagsüber an einem Stuhl und nachts bzw. zum Mittagsschlaf im Bett. Tagsüber zog sie sich oft bis auf ihr Unterhemd aus; es war Hochsommer und brüllend heiß in diesem Jahr und sie ging ohne Schuhe barfuß über die Station. Ein- oder zweimal rutschte sie aus und fiel auf ihren (gut gepolsterten) Po. Diese Sturzgefährdung veranlaßte die Stationsärztin die oben beschriebenen Fixierungsmaßnahmen anzuordnen, die wir Pflegenden dann ausführen mußten. Die Frau wehrte sich, versuchte mit uns dahingehend zu diskutieren, daß es doch ihr Problem sei, wenn sie fallen würde. Da sie sich zum Teil mit Schreien und körperlicher Gegenwehr gegen die Fixierungen zu verwehren suchte, wurde auch sie mit vermehrter Psychopharmakagabe ruhig gestellt. Ihr Wille wurde so gebrochen und sie lag nur noch apathisch im Bett, bekam dadurch sogar Druckgeschwüre. Auch wurde sie so inkontinent „gemacht".

Diese Fixierungen wurden ärztlich angeordnet und bestanden teilweise „nur" für die Dauer von 12 Stunden. Bei länger andauernden Fixierungsmaßnahmen wurden richterliche Verfügungen erwirkt. Hilfreich sind in diesen Situationen, in denen alte Menschen sturzgefährdet sind, sicherlich auch Schutzpolsterungen in der Kleidung.

Diese Frau war übrigens aus einem Akutkrankenhaus zwangsweise auf die geschlossene gerontopsychiatrische Station zwangsweise eingewiesen. Sie hatte im Zuge eines Durchgangssyndroms (kurzzeitiger Verwirrtheitszustand, für den es viele Ursachen gibt, unter anderem kann ein plötzlicher Ortswechsel oder ein extremer Flüssigkeitsmangel) einer Krankenschwester einen Stuhl hinterher geworfen. Nach sehr kurzer Zeit auf der Psychiatrischen Station zeigte sie keine weiteren Auffälligkeiten, außer daß – wie ungewöhnlich für eine Frau – sie sich gegen ihr Eingeschlossensein wehrte und häufig laut und für andere enervierend gegen die verschlossene Stationstür hämmerte.

Auch das Umgehen mit dieser Patientin und meine Ohnmacht den ÄrztInnen und dem bestehenden Psychiatrierecht gegenüber veranlaßte mich dazu, diese Anstellung zu kündigen.

Viele KollegInnen, die gerontopsychiatrische Erfahrungen haben, bestätigten mir, daß diese Art der Diagnostik und „Therapie" in dieser Gerontopsychiatrie (eines Landeskrankenhauses) kein Einzelfall ist.

Frauen, die das Opfer von Vergewaltigungen, sexueller Traumatisierung als Mädchen, sonstiger sexualisierter Gewalt und / oder sexualisierter Gewalt in ihren Ehen waren, werden auch hier wieder Opfer: Opfer psychischer und physischer Gewalt durch Fixierungen sowie durch Medikamente, die sie beHERRschen, die ihre Körperfunktionen beeinflussen, ihre Gefühle unterdrücken und ihren Geist manipulieren und Opfer von ÄrztInnen und Pflegenden, die die Macht über das Anordnen bzw. Ausführen dieser Maßnahmen haben.

6.3. Fiktiver Tagesablauf einer alten Frau in der stationären Pflege

Morgens zwischen sieben und neun Uhr öffnet sich die Tür zu ihrem Zimmer. Die alte Frau hat keinen Einfluß darauf, welche Person in ihren Raum tritt. Es kann ein Mann sein oder eine Frau, eine mürrische, unausgeschlafene, lustlose Person oder eine heitere, fröhliche, sanfte, die schon am frühen Morgen voller Elan und guter Laune strotzt. Eine Person, die sie mag oder eine, vor der es ihr graut, angefaßt zu werden. Denn angefaßt werden wird sie auf jeden Fall, da sie beim Aufstehen, der Morgentoilette und dem Ankleiden Hilfe benötigt. Je nachdem, welche Griffe und Techniken die jeweilige Pflegeperson erlernt hat, wird sie an den verschiedensten Stellen angefaßt. Manchmal tut es weh, manchmal nicht.

Einige, die kommen, schlagen ihre Bettdecke zurück, rollen ihr Nachthemd hoch und waschen ihren Unterleib im Bett. Sie sagen, sie können sich so alles genau anschauen, ob es Hautveränderungen, Druckstellen und ähnliches gibt und tun dies auch.

Die Körperpflege wird so durchgeführt, wie es die Pflegenden nach den neuesten Erkenntnissen gelernt haben oder auch wie die jeweilige Pflegeperson es gewöhnt ist. Entsprechende Seifen, Zusätze, Hautlotionen werden so verwendet, wie es im Hause üblich ist. Sie werden ausgewählt nach ökonomischen und wissenschaftlichen Erkenntnissen und Erfahrungswerten der Pflegenden. Die alte Frau hingegen vermißt ihre Kernseife, die sie, seit sie denken kann, benutzt.

Sie wird beim Waschen auf die Seite gedreht, hat so überhaupt keine Kontrolle mehr, was hinter ihrem Rücken geschieht. Sie bekommt ein Abführzäpfchen verabreicht, da sie zu Verstopfung neigt und ihre letzte Darmentleerung schon vier Tage zurück liegt.

Sie wird dann, vielleicht sogar gänzlich nackt, auf einen Toilettenstuhl gesetzt und ans Waschbecken gefahren. Dort wird ihr ein Waschlappen in die Hand gedrückt. Sie muß sich jeden Tag komplett waschen, obwohl sie doch gewöhnt ist, morgens nur Gesicht und Hände zu waschen und samstags zu baden. Stinke ich, wird sich die alte Frau vielleicht fragen und sich schämen.

Die Zimmernachbarin schaut bei allem zu.

Ab und an geht die Tür auf, die Pflegeperson geht aus dem Zimmer, um etwas zu holen, manchmal geht die Tür auf und eine andere Pflegeperson schaut herein, fragt etwas, geht wieder. Diese Frau ist sich nie sicher, wer sie da in ihrer Nacktheit bei ihrer Morgentoilette, abführend auf dem Toilettenstuhl, sehen wird. Endlich ist sie fertig. Die Pflegeperson säubert sie, und sie kann keinen Blick auf ihre Ausscheidung werfen, um selbst ihren Stuhl auf Menge und Aussehen beurteilen zu können.

Nun wird sie angezogen. Niemand zieht sie so an, wie sie es selber täte, wenn sie es noch könnte, jede macht es anders. Mal die Unterhose zuerst, mal erst das Hemd. Ihr Mieder bekommt sie fast nie angezogen, das ist zu zeitaufwendig für die Pflegenden.

Die alte Frau hat sich ihre Zähne nicht geputzt, schämt sich vielleicht vor Fremden, ihre Zahnprothese herauszunehmen. Nach mehrmaligem Bitten, dies zu tun, fährt die Pflegeperson in ihren Mund, um die Prothese herauszuholen. Zähne müssen geputzt werden, es können Druckstellen im Mund oder Pilze entstehen.

Das Frühstück, das Mittagessen, das Abendbrot wird gebracht. Alles ist fertig vorbereitet und es gibt keine Gewürze auf dem Tisch, mit denen sie ihr Essen so nachwürzen kann, daß es ihr schmeckt.

Sie kann sich nicht entscheiden, wie dick oder dünn sie die Butter und den Belag auf dem Brot haben möchte. Und das Getränk in dem Plastikbecher ist undefinierbar in der Farbe; riechen kann sie daran auch nicht, da der Becher mit einem Deckel mit Schnabelaufsatz verschlossen ist.

Am späten Vormittag vielleicht kommt die Pflegeperson und klärt sie auf, daß sie einen Blasendauerkatheter bekommen muß. Sie wagt nicht zu fragen, was das denn sei und warum sie so etwas bekommen soll. Es ist ihr peinlich. Alles geht so schnell und die Nachbarin sieht zu.

Die Pflegeperson bittet sie um Erlaubnis, daß die zwei SchülerInnen, die zur Zeit auf der Station sind, beim Katheterisieren zusch uen dürfen, da sie es auch lernen müssen. Sie wagt nicht Nein zu sagen, sie lebt hier, ist auf gutes Auskommen mit allen angewiesen. Zudem ist sie nicht gewohnt, ihre Grenzen zu spüren und kann sie dadurch auch nicht setzen.

Als sie nackt auf ihrem Bett liegt, sie aufgefordert wird, doch mal die Beine breit zu machen, hört, daß es nicht weh tun soll, als sie die ZuschauerInnen an ihrem Bett stehen sieht, die voller Interesse mitten in ihre Vagina sehen, um die Harnröhre erkennen zu können, fühlt sie sich zurückversetzt, erneut ausgeliefert:

Sie schreit, tobt, wehrt sich und wird von den Pflegepersonen festgehalten – der Katheter ist ärztlich verordnet! Oder sie wird stumm und starr oder zeigt andere Verhaltensweisen.

Aber vielleicht kommen jetzt wenigstens nachts nicht mehr ständig Personen in ihr Zimmer, die sie aus dem Schlaf hochschrecken lassen, indem ihre Hände unter ihrer Bettdecke fühlen, ob sie eingenäßt hat!

Dies ist sicher ein ganz alltäglicher Ablauf, die Pflegeperson war freundlich und hat immer erklärt, welche Handlungen getan werden. Und dennoch, die alte Frau erlebte die Pflege als Grenzverletzung. Ihre alten Gefühle lebten auf, vielleicht sogar, ohne zu wissen, warum. Oder sie war in ihrem Erleben in einer ähnlichen Situation, ihr Vater hat vielleicht zu ihr als kleines Mädchen auch gesagt, es tut nicht weh. Und der Soldat, der sie 1945 vergewaltigte, hat sie angebrüllt, sie solle die Beine breit machen und seine Kameraden haben zugesehen, bis sie an die Reihe kamen.

Und auch hier – ähnlich wie bei der sexuellen Traumatisierung in der Kindheit durch ein Familienmitglied – unsere doppelte Botschaft. Einerseits: Du kannst mir vertrauen, ich sorge für Dich, pflege Dich, Du bist unter meinem Schutz. Und andererseits: auch hier eine Grenzverletzung seelischer und körperlicher Art. Womöglich mit den selben Worten: Es tut Dir nicht weh.

Und es ist wieder ein ungleiches Machtverhältnis. Da die alte Frau in ihrer Bedürftigkeit, da wir mit unserer Entscheidungsgewalt über sie.

Es ist natürlich für jeden Menschen schwer, sich mit diesen veränderten Lebensbedingungen abzufinden. Bei Frauen mit sexualisierten Gewalterfahrungen treffen diese damit verbundenen Gefühle wie zum Beispiel Ohnmacht, Hilflosigkeit, kein Entrinnen können, aber auf ihr altes Trauma, sie können dadurch an etwas erinnert werden, was sie nicht erinnern möchten. Anders, als bei nicht traumatisierten Frauen können hier Symptome auftreten, die sie nun nicht mehr bewältigt bekommen. Ihre Unruhe nimmt zu, Angst steigert sich zu Panik und die Pflegenden erleben diese alte Frauen als verwirrt, depressiv, aggressiv, apathisch, desorientiert, wahnhaft, psychotisch. Und sie werden diese Symptome dokumentieren und wahrscheinlich die HausärztIn, die NeurologIn oder PsychiaterIn informieren, und weiter werden diese ÄrztInnen wahrscheinlich entsprechende Psychopharmaka verordnen.

Wenn wir nicht verstehen, daß zum Beispiel beim Legen eines Katheders Erinnerungen an eine frühere erlebte Vergewaltigung aufkommen können, da diese pflegerische Handlung der Vergewaltigung sehr ähnlich ist, sie – gegen den Willen der Frau durchgeführt – eine Vergewaltigung ist und es dadurch zu entsprechenden Symptomen kommen kann, oder daß es sich bei zum Beispiel Halluzinationen, in denen eben Männer neben dem Bett gesehen werden, um Erinnerungsblitze handeln kann, tun wir diesen Frauen auch mit Psychopharmakagabe erneut Gewalt an.

7. Maßnahmen der Pflegenden

„Jeder Mensch schafft durch sein Verhalten Bedeutungen.
Auch verwirrtes, wahnhaftes, niedergeschlagenes, süchtiges etc.
Verhalten zählt dazu, da es für den Betreffenden einen Sinn hat.
Aufgabe der Gerontopsychiatrie ist es, störend oder als gestört
erscheinendes Verhalten in den Kontext der Persönlichkeit,
der Biographie und sozialen Interaktion der betreffenden
Persönlichkeit einzuordnen und den Sinn dieses Verhaltens erfaßbar
zu machen. Die bloße Einordnung solchen Verhaltens als ‚krank‘
erklärt nichts und verhindert Verstehen und partnerschaftliche
Begegnung mit dem Patienten."
(Leidinger, 1995, S. 36)

Bei verändertem Verhalten, psychischen Auffälligkeiten bzw. Erkrankungen einer alten Frau gilt es herauszufinden, welchen Sinn dieses entsprechende Verhalten für sie hat. Den Sinn können Pflegende nur finden, indem sie sich für die Biographie der Alten interessieren und bereit sind, sich mögliche traumatischen Erfahrungen anzusehen und sie in einen Zusammenhang zum jetzigen Verhalten zu bringen.

Kann es sein, daß die Art der Pflege, bestimmte Pflegemaßnahmen, Ereignisse oder Ge- und Begebenheiten in der Pflege und auf der Station dieses entsprechende Verhalten einer alten Frau für sie erst nötig macht? Wie zum Beispiel verschlossene Stationstüren, extremer Lärm auf der Station oder Licht, das einen Schatten wirft, der als fremde, bedrohliche Gestalt „erkannt" wird.

Es gibt sicherlich vielerlei Pflegemaßnahmen, die zum Wohle einer Frau durchgeführt werden müssen, um weiteren Schaden von ihr abzuwenden oder einen Therapieprozeß durchzuführen. Aber diese Maßnahmen können in einer Art durchgeführt werden, in der die Frau an den Maßnahmen beteiligt wird und sie ihr auch erklärt werden. Auch demente Frauen in sehr fortgeschrittenem Stadium spüren, ob eine Pflegeperson Pflegemaßnahmen um jeden Preis durchsetzt oder aber innehält, wenn sie sich wehrt, mit der Frau Kontakt aufnimmt, auf ihre Ängste eingeht. Das muß nicht immer heißen, die Pflegemaßnahme gänzlich aufzugeben. Meiner Erfahrung nach treten bei den Frauen keine schwerwiegenden Symptome auf, wenn Pflegemaßnahmen in einer vertrauensvollen Beziehung und Atmosphäre durchgeführt werden. Dabei ist es fast unerheblich, um welche Art von Pflegemaßnahme es sich handelt; es muß nicht immer eine sehr intime sein. Es geht immer darum, daß sich Frauen den Pflegenden gegenüber in keiner ohnmächtigen und wehrlosen Situation befinden. Sie müssen spüren, daß sie ein Mitspracherecht über sich haben (auch wenn sie sich nicht mehr verbal äußern können).

Wir jüngeren Frauen wechseln zum Beispiel den Gynäkologen, wenn er unsensibel mit uns umgeht, uns vor einem offenen Fenster auf den Stuhl bittet, uns persönlich zu nahe tritt, nicht auf unsere Ängste eingeht und ohne angemessene Kontaktaufnahme seine Untersuchungsergebnisse in unverständlichem Medizinerlatein an uns weitergibt. Wenn ein(e) Gynäkolog(in) angemessen mit uns umgeht, wir uns trotz der unangenehmen Situation sicher fühlen können, können auch wir diese Untersuchung unbeschadet überstehen. Alte Frauen in einem Heim oder im Krankenhaus können leider nicht die Pflegenden wechseln. Sie sind auf unsere Sensibilität in der Pflege angewiesen.

Dazu müssen Pflegende auch Frauen-Geschichte kennen und in der individuellen Geschichte alter Frauen forschen, soweit dies möglich ist. Eine kurze Bemerkung über Kriegserlebnisse, den Vater, Ehemann usw., eine Veränderung in der Stimmungslage, eine Veränderung der Stimmlage, genaue Beobachtung der Reaktionen in Gestik, Mimik, Körpersprache und Stimmungslage auf bestimmte Handlungen in der Pflege können als 'Puzzleteile' dienen, um die Geschichte der alten Frau zu erahnen. Pflegende müssen sensibel sein für verschlüsselte oder offene Botschaften, die auf sexualisierte männliche Gewalt schließen lassen könnten.

Diese Sensibilität erreichen Pflegende nur, wenn sie sich mit dem Thema sexualisierte männliche Gewalt gegen Frauen auseinandersetzen.

7.1. Eigenreflektion der Pflegenden

REFLEKTION:
„reflektieren (lat.), 1) zurückstrahlen, spiegeln.
2) nachdenken, erwägen.
3) etwas anstreben, in Betracht ziehen."
(Das Neue Universal-Lexikon, Bd. III, 1973, S. 1592)

Daß das Thema der vorliegenden Arbeit bisher in der Altenpflege kaum diskutiert wurde, liegt meines Erachtens daran, daß es bis heute stark tabuisiert ist. Wie das Thema Sexualität und Alte überhaupt.

Die Schwierigkeiten der Pflegenden, sich mit früherer sexualisierter männlicher Gewalt gegen Frauen auseinanderzusetzen, haben unterschiedliche Ursachen. Dabei muß auch der Aspekt der verschiedenen Sichtweisen und Empfindungen von Frauen und Männern bedacht werden. So ist es für Frauen ein sehr schmerzhaftes Thema – welche Frau ist in ihrem Leben noch nicht mit sexualisierter männlicher Gewalt konfrontiert worden, in welcher Form auch immer –, auch käme so die Frage auf: „Und was war mit meiner eigenen Mutter?" Für Männer ist es ein sehr provokantes Thema, das sie angreift. Auch, wenn der Betreffende selbst kein Täter ist, wird er kaum ein Interesse daran haben, daß die Schandtaten seiner Geschlechtsgenossen und seine möglichen oder potentiellen eigenen aufgedeckt werden.

Genauso, wie es unmöglich ist, Menschen in ihrem Sterben zu begleiten, ohne sich selbst mit diesem Thema auseinandergesetzt zu haben, genauso, wie es unmöglich ist, alten Menschen Sexualität zuzugestehen, ohne die eigene Sexualität reflektiert zu haben, genauso ist es nicht möglich, sexualisierte männliche Gewalt anderer Frauen zu erkennen und entsprechend zu handeln, wenn wir uns selbst mit diesem Thema nicht auseinandersetzen können.

An dieser Stelle sei noch einmal an die abschließenden Worte aus Erika Schillings Vortrag, 1996, erinnert:

„Wir müssen endlich den Mut haben, hinzusehen, statt zu verdrängen; da nichts im Leben verlorengeht, können wir sicher sein, daß alles wieder hochkommt."

Wenn wir dies nicht tun können, nicht anerkennen, daß sexualisierte männliche Gewalt gegen Frauen alltäglich geschieht, werden wir sexualisierte männliche Gewalt alter Frauen nicht in unsere Pflegeplanungen einbeziehen und traumatisierten Frauen weder gerecht werden noch sie ganzheitlich pflegen können.

Wenn wir das Thema aber zulassen, werden wir erkennen, wenn auch uns sexualisierte männliche Gewalt angetan wurde und oder wird. Das ist schmerzlich, aber nur so haben wir die Chance, unsere Verletzungen aufzuarbeiten, nicht an ihnen zu erkranken, sie nicht unbewußt an die alten Frauen weiterzugeben. Wir werden auch sehen und erkennen müssen, daß einige unserer Handlungen, die wir an den alten Frauen tun, Gewalt beinhalten.

Und nur so haben die alten Frauen die Chance, auf Menschen zu treffen, die sie verstehen, in ihrer Geschichte und ihren Symptomen. So kann es zu einer wirklichen Beziehung kommen zwischen der alten Frau und den Pflegenden, die von Solidarität und gegenseitigem Verständnis geprägt ist. Treffen alte Frauen auf Menschen, die dieses Verständnis für sie zeigen, sie in ihrer Persönlichkeit wahrnehmen, als Frau mit ihrer spezifischen Biographie, obwohl sie oder vielleicht gerade, weil sie depressiv, apathisch, unruhig, aggressiv sind und nicht als demente und altersverwirrte Frauen abgestempelt werden, haben diese Frauen vielleicht das erste Mal in ihrem Leben die Möglichkeit, über ihre Erfahrungen zu sprechen und sich zu entlasten. Oder sie spüren einfach, daß sie verstanden und als Frauen mit einer Vergangenheit gesehen werden und das allein kann sehr heilsam für die alten Frauen sein, die sich selbst und auch von anderen als ver-rückt, verwirrt, sonderbar usw. gesehen haben bzw. wurden.

7.2. Pflegediagnose bei alten Frauen mit Posttraumatischem Belastungssyndrom nach sexualisierten Gewalterfahrungen

PFLEGEDIAGNOSE:
„Pflege ist das Erkennen und Behandeln von menschlichen Reaktion
auf bestehende und potentielle Gesundheitsprobleme. ‚Eine Pflegediagnose ist die klinische Beurteilung der Reaktionen von Einzelper-
sonen, Familien oder sozialen Gemeinschaften auf aktuelle oder potentielle Probleme der Gesundheit oder im Lebensprozeß.‘ Pflegediagnosen liefern die Grundlagen zur Auswahl von Pflegehandlungen
und zum Erreichen erwarteter Pflegeziele,
für welche die Pflegeperson die Verantwortung übernimmt.
Dies schafft auch Rahmenbedingungen zur Anwendung von Pflegeplanung. Pflegediagnosen verhelfen zu einer gemeinsamen Sprache
beim Erkennen von Patientenproblemen, bei Zielformulierung und
Planung der Pflege sowie bei ihrer Evaluation."
(Doenges / Moorhouse, 1993, S. 5 u. S. 11)

Wie aus meiner vorliegenden Arbeit deutlich wird, waren auch viele
der heute alten Frauen in ihrer Kindheit, Jugend und späterem Er-
wachsenenleben massivst sexualisierter Gewalt ausgesetzt. Buchau-
torInnen der unterschiedlichen Fachrichtungen beschreiben, daß
inzwischen jede dritte bis jede siebte Frau in ihrem Leben mindestens
einmal vergewaltigt wird; je nachdem, auf welche Untersuchungen
und Schätzungen sich die AutorInnen stützen. (vgl. Literaturliste)
   Zumindest ist davon auszugehen, daß eine Vielzahl der alten Frau-
en, die uns in der Pflege begegnen – egal welcher Nationalität –, sexualisierte männliche Gewalt erlebt haben. In der Einleitung zu dieser
Arbeit begründete ich die Wahl des Themas damit, daß ich in meiner
bisherigen 13jährigen Tätigkeit als Altenpflegerin viele alte Frauen erlebte, in deren Lebensgeschichten sexualisierte männliche Gewalt
vorkam, und mir dies – neben vereinzelten Erzählungen der Frauen –

durch ihre Symptomatik und ihr Verhalten deutlich wurde. Je mehr mir diese Tatsache bewußt wurde, desto häufiger hinterfragte ich Pflegemaßnahmen daraufhin, ob sie möglicherweise eine Frau an früher erlebte sexualisierte männliche Gewalt erinnern lassen könnten. Ich stellte fest, daß sich dann bei verändertem Pflegeverhalten, nämlich einem stets bewußten Eingehen auf die Reaktionen der Frauen, eine Symptomatikverbesserung sowohl im psychischen als auch im somatischen Bereich erzielen ließ. In einer mehrheitlich partnerInnenschaftlichen Pflegebeziehung reagieren Frauen mit sehr viel weniger Abwehrverhalten. Auch Schmerzzustände, Schlafstörungen, verwirrtes Verhalten können so reduziert werden.

Wichtig ist es, eine Pflegemaßnahme zu unterbrechen, wodurch diesen Frauen deutlich gemacht wird, daß ihr Abwehrverhalten und ihre Bedürfnisse wahrgenommen und akzeptiert werden und sogar darauf eingegangen wird. Oftmals geschieht dies nicht, weil Reaktionen der Frauen nicht erkannt werden oder Krankheitsbildern und Verwirrtheitszuständen zugeordnet werden. Auch geschieht es häufig, daß Pflegende das Erkennen von Botschaften verdrängen (müssen), da bestimmte Pflegemaßnahmen in immer knapper werdender Zeit durchgeführt werden müssen.

Frauen erhalten, wenn auf sie eingangen wird, mehr Vertrauen und Kontrolle über die Pflege und Vertrauen in die Pflegenden. Auf dieser Basis sind dann oftmals auch Gespräche über Vergangenes möglich.

Dies allein reicht auch oft schon aus, um die Maßnahmen später – im Einverständnis – durchführen zu können. Oft können aber auch Alternativmaßnahmen mit den Frauen abgesprochen und in Zusammenarbeit gefunden werden. Zum Beispiel kann die Hand der Pflegebedürftigen so geführt werden, daß sie ihre Mundpflege selbst durchführt.

Meine Schlußfolgerungen, zu denen ich über meine Erfahrungen mit alten Frauen und deren Beobachtung, durch die Lektüre von Literatur zu dem Thema, Aneignung von Wissen über Frauen-Geschichte und über die feministische Traumaforschung gekommen bin, machen eine Pflegediagnose bei Posttraumatischem Belastungssyndrom alter Frauen notwendig.

Die Merkmale dieser Diagnose, die mir alle in der täglichen Arbeit mit alten Frauen begegnet sind, zeige ich im nächsten Kapitel auf.

In den darauf folgenden beiden Kapiteln beschreibe ich entsprechend Ziele und Maßnahmen in der Pflege alter Frauen.

7.2.1 Merkmale eines Posttraumatischen Belastungssyndroms bei alten Frauen in der Pflege

Jedes einzelne dieser Merkmale kann natürlich auch andere Gründe und Ursachen als sexualisierte Gewalterfahrungen haben. Wichtig ist, sensibel und „hellhörig" zu sein und diese Ursache als Möglichkeit in Betracht zu ziehen. Oftmals kommt es bei den alten Frauen zu einer Vielzahl dieser Merkmale, die dann erst diese Vermutung wahrscheinlich machen. Meiner Erfahrung nach spüren diese Frauen diese Form von Sensibilität bei Pflegenden und so fassen sie auch manchmal soviel Vertrauen, daß sie sogar konkret von ihren Gewalterlebnissen erzählenn können.

Erzählungen oder Bemerkungen wie nachfolgend:
- „schreckliche" Erlebnisse, besonders nach Kriegsende, in der Kindheit, der Ehe
- Angst vor „den Russen" und Soldaten, sich verstecken müssen vor ihnen
- Schwierigkeiten mit dem heimgekommen Ehemann
- strenge oder idealisierte „liebe" Väter
- frühe Heirat, Auszug aus dem Elternhaus
- das Verhältnis zum Ehemann „das war nicht so, wie es sein sollte"
- „wie Männer eben so sind"
- daß die Ehe nicht gut war, ohne weitere Erklärungen geben zu wollen
- daß Sex nie Spaß gemacht hat, „ich war froh, als das vorbei war" oder
- „zum Glück bin ich aus dem Alter jetzt raus!"
- frühere Suizidversuche
- frühere psychiatrische Behandlungen

- Kinder verloren zu haben, Schuldgefühle gegenüber eigenen Kindern (da sie ihre Kinder als „Ergebnisse" von Vergewaltigungen unter Umständen ablehnten)
- sich schuldig fühlen

Reaktionen auf die Heimeinweisung oder Veränderungen im Umfeld der Alten im Heim, zum Beispiel:
- plötzliches verwirrtes Verhalten (Durchgangssyndrom)
- völlige Gleichgültigkeit der neuen Situation gegenüber
- Angst- und Panikzustände
- Übererregbarkeit
- Unsicherheit
- Entscheidungsunfähigkeit
- Hoffnungslosigkeit
- Fluchtverhalten
- Halluzinationen
- Wahnvorstellungen
- Apathie
- Depression
- Zwangshandlungen
- suizidale Handlungen oder Ankündigungen suizidaler Absichten
- Nahrungsverweigerung
- Schuldzuweisungen an sich oder andere
- soziales Isolieren auf der Station
- autoaggressives Verhalten
- verminderte bis gar keine Reaktionen auf Reize, wie zum Beispiel Ansprache
- Teilnahmslosigkeit
- Wahrnehmungsstörungen
- sexuelle Hyperaktivität
- regressives Verhalten

Reaktionen auf Pflegende, zum Beispiel:
- ängstliche Erwartungshaltung
- keine eigenen Bedürfnisse artikulierend
- Abwehrhaltung, besonders gegen männliche Pflegende

- völlig angepaßtes Verhalten, alles tun, was Pflegende wollen
- völlige Vereinnahmung der Pflegenden
- Grenzenlosigkeit, auch im sexuellen Bereich
- Veränderungen in Mimik, Gestik, Körperhaltung, Motivation bei bestimmten Pflegepersonen
- regressives Verhalten

Reaktionen auf Pflegemaßnahmen, zum Beispiel:
- nicht vorhandene Schamgrenze
- apathisches Alles-über-sich-ergehen-lassen
- Antriebsarmut
- regressives Verhalten
- schreien, um-sich-schlagen, weinen, erstarren, einschlafen etc., insbesondere bei folgenden Pflegemaßnahmen:
  - Mundpflege
  - Waschen des Gesichts
  - Waschen und Versorgung im Genitalbereich
  - sich vom Pflegenden wegdrehen zu müssen (Rücken zuwenden)
  - gebadet werden (besonders bei männlichen Pflegenden)
  - Verabreichung von Vaginalzäpfchen
  - Verabreichung rektaler Abführmaßnahmen (Zäpfchen, Klistier, Einlauf, Darmrohr)
  - Ausräumen des Enddarmes mit dem Finger (der Pflegeperson) (leider oft unnötig praktizierte Maßnahme, die verordnungs- und aufklärungspflichtig ist!)
  - rektale Infusionen
  - Legen und Tragen eines Dauerkatheters
  - Körperpflege allgemein (besonders bei männlichen Pflegenden)
  - Bettdecke aufschlagen
  - An- und Auskleiden
  - Verabreichung von Medikamenten
  - Fixierungsmaßnahmen, besonders im Bett

Sonstige Verhaltensweisen und somatische Symptome, die an frühere sexualisierte männliche Gewalt denken lassen können:
- abends nicht ins Bett gehen wollen

- nur mit offener Tür oder Licht schlafen
- sich zu anderen HeimbewohnerInnen / MitpatientInnen ins Bett legen
- ständiges Klingeln nach dem Pflegepersonal ohne erkennbaren Grund
- nicht allein sein wollen / können
- stetiges Verlangen nach der Mutter
- Stuhl- und Harninkontinenz ohne pathologische Ursache
- eigenes digitales Ausräumen
- Kotschmieren
  (Regression oder aus Scham, um Pflege zu vermeiden)
- Übelkeit / Erbrechen bei Mundpflege
- Würgegefühle
- belegte und / oder leise Stimme
- Kopfschmerzen ohne pathologische Ursachen
- Bauch-, Unterleibsschmerzen ohne pathologische Ursachen
- Ekzeme, Hautallergien
- Asthma
- Atemnot ohne pathologische Ursache
- hormonelle Störungen
- Stoffwechselstörungen
- Vaginalentzündungen
- ständige innere und körperliche Unruhe
- Alpträume
- Blutzuckerentgleisungen
- stark schwankende Blutdruckwerte, Atem- und Pulsfrequenzen
- Schlafstörungen jeglicher Art
- Tabletten-, Nikotin-, Alkoholabusus

Immer mal wieder treffen wir Pflegenden auf alte Frauen, die explizit wünschen, von männlichen Pflegenden versorgt zu werden. Manchmal ist es tatsächlich so, daß die Frauen bei männlicher Versorgung regelrecht aufblühen, mit den Kollegen scherzen und flirten. Auch das kann zum psychischen Wohlbefinden beitragen.

Fast unvorstellbar ist es allerdings, daß Frauen – besonders dieser älteren Generation –, die es kaum gewohnt waren, offen und unbelastet mit ihrem Körper, ihrer Nacktheit und ihrer Sexualität umzugehen, im Alter alle Moralvorstellungen über Bord werfen (können). Und es ihnen angenehm sein soll, wenn so intime Pflegehandlungen, wie gewaschen und gebadet werden, Verabreichung eines Abführoder Vaginalzäpfchen von unbekannten, meist jungen Männern an ihnen durchgeführt werden. Gerade Frauen der älteren Generation sind noch sehr schamhaft erzogen worden und aufgewachsen. So gut es ihnen auch manchmal tun mag, junge Männer in ihrer Umgebung zu haben, können Pflegehandlungen, vorgenommen von männlichen Pflegenden, doch Grenzen bei alten Frauen überschreiten.

Hinzu kommt, daß, ähnlich wie bei der von mir beschriebenen Frau in der Gerontopsychiatrie, die sich ständig auszog und ihren Körper vorführte und deren altes Muster es war, Kontakt über Sexualität aufzunehmen, es sich hier bei diesen Frauen, die explizit von männ-lichen Pflegenden versorgt werden möchten, um ein Verhalten handeln kann, daß an die Erfahrung sexualisierter männlicher Gewalt denken lassen kann.

Wie in dem Kapitel „Symptome des Posttraumatischen Belastungssyndroms" beschrieben, ist ein Weg für Mädchen und Frauen mit den Gewalterfahrungen umzugehen, die Identifikation mit dem Täter bzw. die Idealisierung des Täters. Zudem ist es für sexuell traumatisierte Frauen ein erlerntes Muster, ihren Wert über ihre Sexualität und ihren Körper zu definieren. Diese Wertschätzung ihrer Person ist die einzige, die sie erfahren haben – meistens von Männern. Diese Wertschätzung versuchen sie sich jetzt ebenfalls zu holen.

7.2.2 Pflegeziele für alte Frauen mit Posttraumatischem Belastungssyndrom

> „Wir werden sorgfältig erforscht, häufig auch gut versorgt, nur nicht ganz für voll genommen. Und dann folgt das große Staunen, daß unsere Persönlichkeit soviel vielfältiger und farbiger ausgeprägt sein kann, als bei Jüngeren. Wie sollte das anders sein, schließlich haben wir ein paar Jahrzehnte mehr darauf verwandt, sie zusammenzusetzen. Dennoch traut man uns nicht zu, mit uns selbst zurecht zu kommen und allein für uns die Verantwortung zu tragen. Hart- näckig hält sich die Idee, wir bedürften der Anleitung. Diese Vorstellung geht einfach nicht aus den Köpfen heraus, wenn einer graue Haare hat, kann er nicht mehr alleine entscheiden."
> (Steinmann, 1993, S. 79 f)

Da traumatische Erlebnisse wie sexualisierte männliche Gewalt bei den Frauen Gefühle der Ohnmacht und des Kontrollverlustes auslösen und die alten Frauen in der stationären Altenpflege sich in ähnlich ohnmächtiger Lage befinden, kann das wichtigste Pflegeziel nur heißen:
– Die Frau erlangt wieder Kontrolle über sich und erhält damit Sicherheit.

Weitere Pflegeziele:
(die Frau)
– kann selbstschädigendes und ungesundes Abwehrverhalten in gesundes Abwehrverhalten verändern
– hat keine somatischen Beschwerden
– hat keine Schlafstörungen
– hat keine psychischen Erkrankungen
– nimmt aktiv am Leben teil
– findet Vertrauensperson und kann unter Umständen über traumatische Erlebnisse sprechen

– kann und darf Gefühle wie zum Beispiel Wut und Trauer ausleben
– kann ihre Bedürfnisse vermehrt erkennen und mitteilen

7.2.3. *Pflegemaßnahmen für alte Frauen mit Posttraumatischem Belastungssyndrom*

Auch, wenn Pflegende nicht entsprechend ausgebildet sind, um mit traumatisierten Frauen nach zum Beispiel erlebter sexualisierter männlicher Gewalt psychotherapeutisch arbeiten zu können, beschreibe ich hier, wie Pflegende und andere, die mit traumatisierten alten Frauen zu tun haben, ihnen Unterstützung geben können. Wie ich später noch beschreiben werde, geht es nicht immer darum, daß eine alte Frau ihre Geschichte aufarbeitet; dies ist nach so langen Jahren sicherlich nur selten möglich. Dennoch sollten ihnen die Möglichkeiten und Voraussetzungen gegeben werden, dies zu tun, wenn sie es denn möchten. Auch ist es wichtig, zu wissen, wie traumatisierte Frauen unterstützt werden können, um ihnen aus selbstschädigendem Verhalten herauszuhelfen und ihnen keine neuen Verletzungen zuzufügen.

„Ohnmacht und Isolation sind die Grunderfahrungen des psychologischen Traumas. Wichtigste Voraussetzung für seine Überwindung ist daher die Stärkung der Persönlichkeit und die Schaffung neuer Kontakte. In sozialer Isolation ist keine Genesung möglich. Mit den neuen Beziehungen zu anderen Menschen wachsen beim Opfer die psychologischen Fähigkeiten wieder neu, die durch die traumatische Erfahrung verstümmelt oder deformiert wurden. Das Opfer muß unter anderem wieder lernen zu vertrauen, autonom zu handeln, selbst die Initiative ergreifen, lebenstüchtig werden, eine eigene Identität zu entwickeln und enge Beziehungen einzugehen. Diese früher schon im Umgang mit anderen Menschen erworbenen Fähigkeiten müssen in neuen Beziehungen wiedererlangt werden." (Herman, 1993, S. 183)

Traumatisierte Frauen – und das gilt für alle Formen von psychischen Traumas, die Frauen erlebt haben – brauchen also die Gewißheit und die Möglichkeit, über sich selbst bestimmen bzw. zumindest ein Mitspracherecht zu haben. Wichtig ist ebenso, daß sie auf pflegende Personen treffen, die Verständnis für ihre Reaktionen, Verhaltensweisen und Krankheitssymptome haben und ihnen eine vertrauensvolle Beziehung anbieten.

In solch einer sicheren Umgebung können Gespräche über früher erlebte sexualisierte männliche Gewalt aufkommen.

Ähnlich wie in den von Frau Kübler-Ross beschriebenen Sterbe-phasen ist es auch hier möglich, daß Frauen mit Nicht-wahr-haben-wollen der eigenen Verletzungen, mit Wut und mit Trauer reagieren, um dann schließlich (bestenfalls) ihr Trauma integrieren und überwinden zu können. Hier gilt es, die Frauen ernst zu nehmen, ihnen Zeit für Gespräche und die Möglichkeit zu geben, diese Gefühle durch- leben zu können und ihnen dabei zur Seite zu stehen.

Im Weiteren beschreibe ich konkrete Maßnahmen, die auf traumatisierte Frauen mit entsprechenden Verhaltensweisen anzuwenden sind.

- Eruieren, was genau die Probleme der alten Frau sind
- Biographiearbeit, mögliche frühere sexualisierte männliche Gewalt ermitteln (aufgrund von Wissen, Beobachtung und unter Umständen Befragung)
- Beziehungspflege als Pflegeorganisationsform auf der Station
- Aufbau einer vertrauensvollen Beziehung zwischen der Frau und den zuständigen Pflegenden, unter Umständen Wechseln der zuständigen Pflegepersonen
- psychische und somatische Symptome diagnostisch abklären lassen
- Notwendigkeit und Dauer von Psychopharmakagabe überprüfen
- Beobachtung von psychischen und somatischen Reaktionen auf spezifische Gegebenheiten
- die Frau wird über Sinn, Zweck und Art der Durchführung von Pflegemaßnahmen stets ausreichend informiert
- Unterbrechen einer Pflegemaßnahme

– Absprachen mit der Frau über anstehende Pflegemaßnahmen (wenn Absprachen nicht möglich sind, Signale (siehe Merkmale) wahrnehmen und beachten.)
– Eigenerfahrung der Frau als Ressource nutzen, in die Pflegeplanung einfließen lassen (Erfragen – auch bei Angehörigen –, welche Maßnahmen die alte Frau bei bestimmten medizinischen Problemen ergriffen hat)
– der Frau wird durch Gespräche/Verhalten vermittelt, daß die Bereitschaft da ist, auf ihre Bedürfnisse und Gefühle einzugehen
– der Frau die Möglichkeit geben, Gefühle, wie zum Beispiel Trauer, Wut, Aggressionen usw. ausleben zu können
– der Frau Gesprächsbereitschaft vermitteln, über ihre Erlebnisse sprechen zu können
– den Sinn bestimmter Verhaltensweisen der Frau erforschen und wenn sie ihrer Sicherheit dienen, akzeptieren und respektieren
– der Frau keine Therapie-, Aktivierungs- und Realitätsorientierungsprogramme aufzwingen
– der Frau Aufgaben/Verantwortung übertragen zum Beispiel Tierhaltung, Pflanzendienst etc., die etwas mit ihrer Biographie zu tun haben
– der Frau entlastende Gespräche anbieten durch eine Person ihres Vertrauens, zum Beispiel Pflegeperson, PsychologIn, PsychotherapeutIn, PfarrerIn usw.
– der Frau unter Umständen Psychotherapie anbieten und ggf. vermitteln (es versteht sich von selbst, daß Psychotherapien oder Krisengespräche von professionellen Frauen angeboten werden, die in ihrer Arbeit mit dem Thema sexualisierte männliche Gewalt vertraut sein müssen.)
– Vermeidung von Situationen, die die Frau an ihr Trauma erinnern könnten:
    – keine Sprache benutzen, die Bezug zum Trauma herstellen könnte, wie zum Beispiel „machen Sie mal die Beine breit"
    – Pflege ohne ZuschauerInnen
    – keine Medikamente oder Gegenstände in Körperöffnungen einführen
    – Alternativen zu Zäpfchen, rektalen Infusionen, digitaler Entlee

rung, Darmrohren, Klistieren, Einläufen und Mundsperren verwenden
- kein Tragen von lauten Schuhen, besonders von den nächtlichen Pflegenden
- kein nächtliches Anleuchten mit Taschenlampen
- bei nächtlichen Pflegemaßnahmen warten, bis die Frau richtig wach ist
- bei Abwehrverhalten der Frau:
  - Sinn, Zweck und Häufigkeit aller Maßnahme überdenken, evtl. andere Pflegemaßnahmen ergreifen (zum Beispiel: Ist ein Dauerkatheter tatsächlich notwendig und wenn ja, wäre eine Cystofix-Anlage eine Alternative?)
  - Bei einer Pflegemaßnahme, die durchgeführt werden muß, wie zum Beispiel Körperpflege, Mundpflege usw. auf einfühlsames Vorgehen achten; Maßnahmen von Vertrauenspersonen durchführen lassen; auf ausreichenden Schutz der Intimsphäre achten durch Sichtschutz mit Vorhang oder spanischer Wand (dieser Sichtschutz gehört in jedes Zwei- und Mehrbettzimmer); die Eigenaktivität fördern und fordern; Fragen nach Gewohnheiten; Maßnahme unter Umständen zu einem späteren Zeitpunkt durchführen
  - Hand der Frau beim Waschen, bei der Mundpflege, beim Essen usw. führen
  - bei allen Maßnahmen und Gegebenheiten im Umfeld der Frau eruieren, wie sie Sicherheit erhalten kann, zum Beispiel bei Angst vorm Zubettgehen die Patientin / Bewohnerin in einem erleuchteten, offenen Raum (Tagesraum) schlafen lassen, ihre Zimmertür abends offen lassen, ihr unseren Schutz zusagen, indem öfter nach ihr gesehen wird, etc.
- bei somatischen Beschwerden:
  - Alternativen zu Medikamenten probieren, wie zum Beispiel: Wickel und Auflagen, Kneippsche Anwendungen, Physiotherapie, Basale Stimulation, Gespräche, Berührungen, Zuhören, Psychotherapie usw.
- bei Schlafstörungen:
  - Grund und Art der Schlafstörungen ermitteln

- Alternativen zu Medikamenten probieren, wie z. B: Schlafrituale ermitteln, Meditationscassetten, Basale Stimulation, schlaffördernde Tees und andere Getränke wie zum Beispiel Milch mit Honig, Kakao und Brühe, Gespräche, Berührungen, Zuhören usw.
- bei psychiatrischen Erkrankungen und Psychopharmakaeinnahme:
  - überprüfen, ob Psychopharmakagabe notwendig ist, unter Abwägung aller Nebenwirkungen
  - überprüfen der Dauer, Menge und des Zeitpunktes der Psychopharmakagabe
  - eventuell Alternativen zu Psychopharmaka finden, wie zum Beispiel alle hier beschriebenen Maßnahmen und z. B. Johanniskrauttabletten, Bewegung, Sonnenlicht, Schlaftentzug bei Depressionen, entlastende Gespräche

Die vorliegenden Zahlen und Schätzungen über die Vielzahl der alten Frauen, die sexualisierte männliche Gewalt erlebt haben, lassen es angezeigt erscheinen, in der Pflege mit allen alten Frauen sensibel und vorsichtig umzugehen. Selbst wenn bei all den bisher beschriebenen Verhaltensweisen und Symptomen keine sexualisierte männliche Gewalt als Ursache vorliegt, ist zu bedenken, daß diese Maßnahmen normale menschliche Umgangsformen sind. Umgangsformen, auf die jeder Mensch ein Anrecht hat.

Wenn Frauen nicht über ihre Geschichte sprechen wollen und aus den verschiedenen Gründen nicht in der Lage sind ihre Traumen aufzuarbeiten, ist es oft sicherlich auch sinnvoll, ihnen Beschäftigungen zu ermöglichen. Beschäftigungen, die ihrer Geschichte und ihren Bedürfnissen gerecht werden und ihnen die Möglichkeit lassen, weiterhin das zu verdrängen, was sie schon seit so vielen Jahren verdrängen (müssen).

Auch in diesem Falle ist eine individuelle und ausführliche Biographiearbeit notwendig. Es gilt, von den Frauen selbst und von ihren Angehörigen zu erfahren, wofür sie sich interessiert haben, wo ihre Fähigkeiten liegen und womit sie ihr Leben bewältigt haben.

Auch ein Besuch in der Wohnung der Frau – sofern sie noch besteht, meist vor oder direkt nach einem Einzug in ein Altenheim möglich –, kann Aufschlüsse über Interessen der Frau geben. Manchmal ist es sogar möglich, lang gehegte und nie erfüllte Träume der Frauen zu verwirklichen.

Oftmals ist dies einfacher, als die Pflegenden und Betreuenden es sich vorstellen. In vielen Altenheimen wird das aber schon auch versucht.

Es gibt Theatergruppen, Sportvereine und Chöre für alte Menschen. Viele der Frauen können ein Instrument spielen, singen gerne (das war früher noch üblicher, da es noch nicht so viele Fernseher gab), in manchen Heimen sind Haustiere erlaubt, Kochgruppen mit dazugehörigen Einkaufsdiensten können in den Altenheimen eingerichtet werden, Aktivitäten außerhalb des Heimes wie zum Beispiel Cafe-Besuche, diverse Kulturveranstaltungen usw. Wünschenswert ist es in meinen Augen, die vielfältigen Erfahrungen der Frauen stärker zu nutzen, ihr Wissen zu erfragen – damit würde sich manch teurer Buchkauf sparen lassen. Alternativen zu pharmakologischen Methoden werden in Büchern nachgelesen, obwohl dies oft Methoden sind, die diese alten Frauen von jeher angewendet haben. Sie taten dies in Zeiten, als die Medizin noch nicht so fortgeschritten war wie heute und für jedes Symptom das „richtige" Medikament anbot. Als Beispiele sind hier die Urintherapie, Wickel und Auflagen, Behandlung mit Kräutern zu nennen. Dieses Abfragen von Wissen verhindert zudem, daß die alten Frauen sich abgeschoben, nutzlos und überflüssig fühlen.

Frauen, die vielleicht in der Jugend davon geträumt haben, Schauspielerin zu werden, können in einer SeniorInnentheatergruppe diesen Traum verwirklichen oder Betreuende können mit ihr Theaterbesuche, Kinobesuche machen.

In Krankenhäusern ist dies sicher nicht alles zu verwirklichen, da die Stationen anders eingerichtet und organisiert sind als solche in Altenheimen. Aber auch hier ist es möglich, Frauen Aufgaben zu schaffen, die ihnen Verantwortung geben und sei es ‚nur‘, daß Patientinnen zum Beispiel Zeitschriften unter Mitpatientinnen verteilen. Auch sollte es in einem Krankenhaus möglich sein – besonders auf Geriatrischen Stationen, die meist über ErgotherapeutInnen verfügen, – Beschäftigungen für die alten Frauen zu finden, die ihnen gerecht werden.

Es trägt auch hier zum Therapieprozeß bei, wenn Frauen einer sinnvollen Beschäftigung nachgehen können. Ich bin mir sicher, daß oftmals ein Krankenhausaufenthalt verkürzt werden kann, die Krankenkassen dadurch Kosten einsparen könnten, wenn Pflegende zum Beispiel mit den Patientinnen Beschäftigungen finden, die im Rahmen ihrer Erkrankungen auch im Krankenhaus möglich sind, wie zum Beispiel kleinere Spaziergänge, häufigere Gespräche, gemeinsames Zeitung lesen und Austausch darüber oder auch Singen und ähnliches. Schön wäre es, wenn SchülerInnen oder Zivildienstleistende zum Beispiel für diese Betreuung zur Verfügung ständen. Abgesehen von dem psychischen Effekt für die alten Frauen, hat dies auch Auswirkungen auf ihre körperliche Mobilisation und Rehabilitation, gehört also zu einem ganzheitlichen Pflegeprozeß dazu und ist daher auch Aufgabe von Pflegenden. Auch in Krankenhäusern sollte der Blick erweitert werden auf eine ganzheitliche Pflege, da bisher meist der Blick nur auf den körperlichen Heilungsprozeß bzw. körperlichen Therapieprozeß gelegt wird. Wenn aber die Psyche krankt, kann auch der Körper kaum gesunden, bzw. fehlt es dann an Motivation für eine körperliche Rehabilitation oder Heilung.

8. Forderungen und Schlußbemerkung

Bei jüngeren Frauen, die noch im Arbeits- bzw. Leistungsprozeß stehen, wurden und werden in den letzten Jahren immer mehr die Ursachen für psychiatrische und/oder somatische Erkrankungen im psychischen Bereich gesucht und der Zusammenhang zwischen zum Beispiel sexueller Traumatisierung in der Kindheit und Depressionen oder ähnliches erkannt und sie können so entsprechend therapiert werden. Für sie gibt es Angebote der verschiedensten Psychotherapien und psychosomatischen Kliniken.

Daß es für alte Frauen keine vergleichbaren Therapieeinrichtungen gibt, liegt sicherlich einerseits daran, daß die alten Frauen diese Angebote für sich nicht einfordern (können). Die jüngere Generation mußte sich dies auch schwer erkämpfen gegen die Widerstände von Politikern, die heute wieder zunehmend öffentliche Gelder für Einrichtungen wie Frauenberatungsstellen und sonstige Orte und Initiativen, die Frauen beraten und therapieren und sie in vielen Fragen des täglichen Lebens unterstützen, streichen. Ohne Frauenberatungsstellen, Psychotherapeutinnen und Selbsthilfegruppen zum Thema sexualisierte männliche Gewalt, wären die Psychiatrien noch voller, als sie jetzt schon sind. Denn leider werden nur selten die Täter in die Psychiatrien eingeliefert, sondern meist die Frauen, die Opfer sind und ihr Leben nicht mehr bewältigen können.

Einen anderen Grund dafür, daß bei alten Frauen keine Ursachenforschung im Hinblick auf Erkrankungen bezogen auf sexualisierte männliche Gewalt betrieben wird, sehe ich in dem bislang allgemein altenfeindlichen gesellschaftlichen und politischen Klima. Alte sind teuer, nehmen uns die Wohnungen weg, treiben die Krankenkassenbeiträge in die Höhe und stören nur im öffentlichem Leben. Sie sind in den Augen großer Teile der Gesellschaft unnütz.

Bei alten Frauen wird wahnhaftes Verhalten, Depressionen, somatische Erkrankungen, Suchtverhalten oder gar Demenz meines Wissens nicht in Zusammenhang mit früheren sexualisierten Gewalterlebnissen gestellt. Obwohl doch die heute alten Frauen, zusätzlich zur alltäglichen Gewalt gegen Frauen, sexualisierte männliche Gewalt durch Vergewaltigungen im Zweiten Weltkrieg und Zwangsprostitution zwischen 1945 und 1948 erlebt haben können.

Auch die nachfolgenden Generationen von Frauen, die keine Kriege erlebten, sind ebenso von sexualisierter Gewalt bedroht oder betroffen. Der sexualisierte Krieg gegen Frauen im alltäglichen Leben geht weiter.

Es ist daher notwendig, daß sexualisierte männliche Gewalt als ein möglicher Bestandteil der Geschichte von Frauen in die Lehrpläne der Altenpflege- und Krankenpflegeschulen aufgenommen wird und ebenso die Erkrankung Posttraumatisches Belastungssyndrom an die SchülerInnen vermittelt wird.

Auch hat meines Erachtens eine 90- oder 100jährige Frau Anrecht auf eine Psychotherapie, sofern sie es möchte und dazu bereit und in der Lage ist. Die mit dem Thema „sexualisierte männliche Gewalt" vertraute Psychotherapeutin Dominique Vercruysse, Köln, vertritt die Meinung, daß Psychotherapie auch für alte Frauen sinnvoll und möglich sein kann und sollte. (Vercruysse, 1996)

Elisabeth Steinmann schreibt – in einem anderen Zusammenhang:

„Solange das Leben währt, solange entwickle ich mich. Auch 80jährige sind noch nicht das, was sie mit 90 sein werden." (Steinmann, 1993, S. 23)

Allerdings sehe ich es als gefährlich an, wenn Pflegende die Rolle der/des Psychotherapeutin/Psychotherapeuten übernehmen wollten. Der Berufsstand der Pflegenden ist nicht entsprechend ausgebildet. Vielmehr geht es einerseits darum, die Persönlichkeit der alten Frauen zu unterstützen und zu festigen, indem sie in ihrer Eigenverantwortung bestärkt werden bzw. sie ihr nicht abgesprochen wird. Andererseits sollten gemeinsam mit den alten Frauen Bewältigungsstrategien gefunden bzw. erhalten werden, die es ihnen möglich machen, aktiv am Leben teilzunehmen und ihnen durch die Art der Pflege keinen Anlaß zu selbstschädigenden Bewältigungsstrategien zu geben.

Es bleibt Forscherinnen aus den Fachbereichen Geriatrie, Psychiatrie und Psychologie überlassen, herauszufinden, ob sexuell traumatisierte alte Frauen verstärkt dementiell erkranken. Für mich liegt die Vermutung nahe, daß eine alte Frau, deren jahrelange Bewältigungsstrategien durch Veränderung des sozialen Umfeldes und Wegsterben der nächsten Angehörigen und FreundInnen nicht mehr greifen, die Flucht in die Demenz als eine der letzten Bewältigungsstrategien bleibt.

Wenn es wirklich so sein sollte, daß eine Demenz auch eine Form der Bewältigung darstellt, stellt sich für mich die Frage nach dem Sinn von Realitätsorientierungstrainings für alte Frauen, ohne die Ursachen der Demenz – auch unter dem Gesichtspunkt der möglichen Notwendigkeit für die alten Frauen – genauer zu untersuchen. Und welche Alternativen können für sie in der Realität geboten werden? Diese Frage kann nicht nur pflegerisch, sondern muß auch gesamtgesellschaftlich und politisch beantwortet werden. Solange die von Männern dominierte Gesellschaft und Politik auf sexualisierter männlicher Gewalt basiert und es so nicht erwünscht ist, daß sexualisierte männliche Gewalt gegen (alte) Frauen aufgedeckt, therapiert und vermieden wird, solange werden Frauen weiterhin an der ihnen angetanen sexualisierten und anderen Gewalt erkranken. Wir Pflegenden können alten Frauen aber zeigen, daß sie wenigstens jetzt und von uns keine Gewalt, in welcher Form auch immer, mehr erfahren werden.

Literatur

Im Text zitierte Literatur:

Broschüre des Frauenbüros der Stadt Dortmund: „Vergewaltigt", 1989, Dortmund

Brown Doress, Paula / Laskin Siegal, Diana: „Unser Körper Unser Leben", 1991, Reinbek bei Hamburg, Rowohlt TB Verlag

Brownmiller, Susan: „Gegen unseren Willen", 1980, Frankfurt/ M. Fischer TB Verlag

Bundestag, „Drucksache 13/6893" vom 4.2.1997, Bonn

Butzmühlen, Rolf: „Vergewaltigung", 1978, Gießen, Focus Verlag

„Das Neue Universal-Lexikon", Bd. I, II, III 1973, Köln, Lingen Verlag

Dilling/Mombour/ Schmidt (Hrsg.): „ICD-10 Internationale Klassifikation psychischer Störungen", 1993, Bern; Göttingen; To-ronto; Seattle, Hans Huber Verlag

Doenges, Marilynn E./ Moorhouse; Mary Frances: „Pflegediagnosen und Maßnahmen", 1993, Bern, Hans Huber Verlag

Enders, Ursula (Hrsg.): „Zart war ich, bitter war's, 1995, Köln, Verlag Kiepenheuer & Witsch

Finzen, Asmus: „Medikamentenbehandlung bei psychischen Störungen", 1998, Bonn, Psychiatrie-Verlag

Hafner, Manfred D./ Meier, Andreas: „Geriatrische Krankheitslehre, Teil I: Gerontopsychiatrische und neuropsychologische Syndrome", 1993, Bern, Hans Huber Verlag

Herman, Judith Lewis: „Die Narben der Gewalt – Traumatische Erfahrungen verstehen und überwinden", 1993, München, Kindler Verlag

Hervé, Florence/Steinmann, Elly/ Wurms, Renate (Hrsg.) „Kleines Weiberlexikon", 1985, Dortmund, Weltkreis-Verlags-GmbH

Hilsenbeck, Polina/Blessing, Annemie/ Haller, Brigitte in: Schneider, Doris/ Tergeist, Gabriele (Hrsg.): „Spinnt die Frau?", 1993, Bonn, Psychiatrie Verlag

Hüttner, Andrea, nicht veröffentlichter Vortrag, 1997, Bielefeld, Feministischer Psychiatriekongreß

Kavemann, Barbara/Lohstöter, Ingrid: „Väter als Täter", 1984, Reinbek bei Hamburg, Rowohlt TB Verlag

Kroll, Claudia: „Vergewaltigungsprozesse", 1992, Kiel, Notruf und Beratung für vergewaltigte Frauen und Mädchen e.V.

Langbein, Kurt/Martin, Hans-Peter/Weiss, Hans: „Bittere Pillen", 1990-92, Köln, Kiepenheuer & Witsch

Lehmann, Peter: „Der Chemische Knebel", 1990, Berlin, Peter Lehmann Antipsychiatrieverlag Berlin

Lehmann, Peter/Kempker, Kerstin (Hrsg.): „Statt Psychiatrie", 1993, Berlin, Peter Lehmann Antipsychiatrieverlag Berlin

Leidinger/Pittrich/Spöhring (Hrsg.): „Grauzonen der Psychiatrie", 1995, Bonn, Psychiatrie Verlag

Luka, Evelyn/Mitarbeiterin Konder, Renate (Hrsg.): „über-leben", 1998, Paderborn, Snayder Verlag

Meier-Baumgartner, Hans-Peter/Mende, Klaus (Hrsg.): „Ich Hörte Einen Ruf", 1987, Hannover, Curt R. Vincentz Verlag

Michel, Christian und Novak, Felix: „Kleines Psychologisches Wörterbuch", 1990, Freiburg im Breisgau, Herder Taschenbuchverlag

NRW Landesprogramm gegen Sucht, 1998, Düsseldorf

Olbricht, Ingrid, Dr. med.: „Folgen sexueller Traumatisierung für die seelische Entwicklung und das Körpergefühl von Frauen" in: „Wege aus Ohnmacht und Gewalt. Dokumentation des Arbeitskreises Frauengesundheit in Medizin, Psychotherapie und Gesellschaft (AKF) e.V., 1996 , Bad Pyrmont", 1997, Bünde, Hrsg. AKF

Pusch, Luise/Duda, Sybilla: „Wahnsinns Frauen", 1992, Frankfurt, Suhrkamp Verlag

Pusch, Luise/Duda, Sybilla: „Wahnsinns Frauen Zweiter Band", 1996, Frankfurt, Suhrkamp Verlag

Roberts, Ulla: „Starke Mütter – ferne Väter", 1994, Frankfurt/M., Fischer TB Verlag

Sander, Helke: „BeFreier und Befreite", 1995, Frankfurt/M., Fischer TB Verlag

Schilling, Erika nicht veröffentlichter Vortrag: „Stunde Null", 1996, Köln, Frauenbuchladen

Schilling, Erika in „beiträge zur feministischen theorie und praxis, Band 33 „AltersWachSinn", 1992, Köln, Eigenverlag des Vereins Beiträge zur Feministischen Theorie und Praxis e.V.

Schneider, Doris und Tergeist, Gabriele (Hg.): Spinnt die Frau?, 1993, Bonn, Psychiatrie-Verlag,

Schulte, Lisa: Frauenberatungsstelle „Frauen helfen Frauen", e.V. Remscheid: nicht dokumentiertes Interview, 1998, Köln

Seager, Joni: „Der Fischer Frauen-Atlas", 1998, Frankfurt/Main, Fischer Taschenbuch Verlag

Stefan, Verena: „Häutungen", 1975, Frauenoffensive, München

Steinmann, Elisabeth: „Ich bin so gerne alt – Lust und Last der späten Jahre", 1993, Frankfurt/M., Campus Verlag

Strobl, Ingrid: „Das Feld des Vergessens", 1994, Berlin, Edition ID-Archiv

Vercruysse, Dominique, Psychotherapeutin, Köln und Raeren/Bel-gien: „nicht dokumentiertes Interview", 1996, Köln

Weis, Kurt: „Die Vergewaltigung und ihre Opfer", 1982, Stuttgart, Enke Verlag

weiterführende Literatur:

Bass, Ellen/Davis, Laura: „Trotz allem", 1990, Berlin, Orlanda Verlag

Böhm, Erwin: „Verwirrt nicht die Verwirrten", 1982, Bonn, Psychiatrie-Verlag

Böhm, Erwin: „Alte verstehen", 1991, Bonn, Psychiatrie-Verlag

Broschüre von „Notruf und Beratung für vergewaltigte Frauen und Mädchen. Frauen gegen Gewalt e.V.", Kiel: „Gewalt gegen Frauen", 1992, Kiel

Ehlers, Renate, „Gewalt und Ohnmachtserfahrungen alter Frauen", unveröffentlichtes Manuskript, 1996, Braunschweig

Enders, Ursula (Hrsg.): „Zart war ich, bitter war's", 1995, Köln, Verlag Kiepenheuer & Witsch

Fröhling, Ulla: „Vater Unser In Der Hölle", 1996, Seelze-Velber, Kallmeyer'sche Verlagsbuchhandlung

Hüttner, Andrea, in: Schneider, Doris / Tergeist, Gabriele (Hrsg.) „Spinnt die Frau?", 1993, Bonn, Psychiatrie Verlag

Janssen-Jurreit, Marielouise: „Sexismus", 1976, München / Wien, Carl Hanser Verlag

Salvo, De Louise: „Virginia Woolf", 1994, Frankfurt / M., Fischer TB Verlag

Schilling, Erika: „Manchmal hasse ich meine Mutter", 1984, Frankfurt / M., Fischer TB Verlag

Szasz, Thomas S.: „Schizophrenie" 1982, Frankfurt / M., Fischer TB Verlag

Vester, Friedrich: „Denken, Lernen, Vergessen", 1978, München, dtv

Wirtz, Ursula: „Seelenmord – Inzest und Therapie", 1989, Zürich, Kreuz Verlag

Dietrich Peinert,
Stefanie Esan

Aus dem Gleichgewicht

Die Geschichte eines Schlaganfalls

3. Auflage, 158 Seiten, Franz. Broschur
ISBN 3-929106-44-2
15,90 €; 29 SFr

Ein Erfahrungsbericht über Vorzeichen, Verlauf und Folgen eines Schlaganfalls und auch den Prozess der Rehabilitation – erzählt aus der Sicht eines Betroffenen und seiner Physiotherapeutin.

Dietrich Peinert, geb. 1925, lebt an der Ostsee. Er unterrichtete Englisch und Deutsch, lange Zeit auch im Ausland (Großbritannien, Namibia, Schweden). Er war in der Schulaufsicht eines Ministeriums und schließlich in Bonn als Leiter der Schulabteilung der Kultusministerkonferenz tätig. 1989 trat er in den Ruhestand.

Stefanie Esan, geb. 1968, lebt in Kiel und eröffnete 1997 eine eigene Praxis für Physiotherapie.

»Es ist nicht nur ein bewegendes, sondern auch ein lehrreiches Buch, lehrreich für jeden zum Beispiel, der sich plötzlich in die Patientenexistenz geworfen sieht.« Siegfried Lenz

»Allen Betroffenen wird dieser Erfahrungsbericht Mut geben.« Prof. Günther Deuschl, Direktor der Klinik für Neurologie, Universität Kiel

»Dieses packend geschriebene Buch kann Pflegenden helfen, sich aus Sicht des Patienten mit dem Problembereich Schlaganfall auseinanderzusetzen.« *Forum Sozialstation*

Mabuse-Verlag • Postfach 90 06 47
60446 Frankfurt a. M. • Tel.: 069-70 79 96-16 • Fax: 069-70 41 52
www.mabuse-verlag.de • verlag@mabuse-verlag.de

Thema Alter im Mabuse-Verlag

 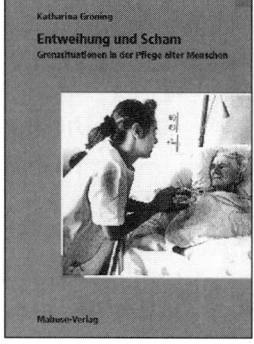 

Katharina Gröning u.a. (Hrsg.)

Pflegegeschichten

Pflegende Angehörige schildern ihre Erfahrungen

Vierzig pflegende Angehörige berichten in eindrucksvollen Texten, was es für sie und ihre Familien bedeutet, die Pflege eines Familienmitglieds zu übernehmen. Sie beschreiben ihre positiven Erfahrungen und ihre Alltagskünste, aber auch Ängste und die Konfrontation mit Schmerzen, Krankheit und Tod.

2004, 300 Seiten,
22,90 €
ISBN 3-935964-80-3

Katharina Gröning

Entweihung und Scham

Grenzsituationen in der Pflege alter Menschen

»Dieses Buch wünscht man in die Hände möglichst vieler Lehrkräfte und Pflegepersonen, nicht nur in der Altenhilfe.« (Altenheim)

4. Aufl. 2005, 148 Seiten,
17,90 €
ISBN 3-929106-59-0

Christian Kolb

Nahrungsverweigerung bei Demenzkranken

PEG-Sonde – ja oder nein?

3. Aufl. 2004, 96 Seiten,
12,90 €
ISBN 3-935964-21-8

K. Gröning, A.C. Kunstmann, E. Rensing

In guten wie in schlechten Tagen

Konfliktfelder in der häuslichen Pflege

Wenn von häuslicher Pflege die Rede ist, ist fast immer davon auszugehen, dass diese von Frauen geleistet wird. Doch empfinden diese die Situation als gerecht? Welche Motive liegen der Übernahme der Pflegeverantwortung zugrunde?

2004, 170 Seiten,
19,80 €
ISBN 3-935964-54-4

Verlagsprospekt anfordern!

Mabuse-Verlag

Postfach 90 06 47 • 60446 Frankfurt am Main
☎ 0 69-70 79 96-16 • Fax 0 69-70 41 52 • verlag@mabuse-verlag.de

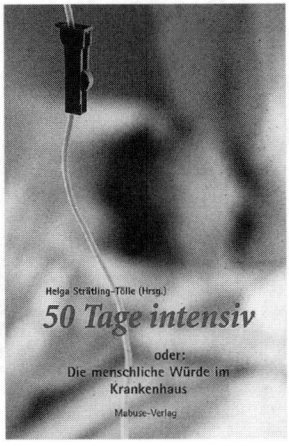

Helga Strätling-Tölle (Hrsg.)

Fünfzig Tage intensiv

oder: Die menschliche Würde im Krankenhaus

192 Seiten, franz. Broschur
ISBN 3-933050-53-7
15,90 €; 29 SFr

In diesem Buch werden die Erfahrungen einer Frau geschildert, deren Mann aufgrund einer Atemwegserkrankung fünfzig Tage auf der Intensivstation verbracht hat. Ergänzt wird ihr eindrucksvoller, bewegender Bericht durch die »Erinnerungen aus dem Koma«, vom Betroffenen selbst noch im Krankenhaus verfasst. Mitglieder der Akademie der Ethik in der Medizin (Göttingen) kommentieren die Texte aus verschiedenen fachlichen Perspektiven.

Helga Strätling-Tölle ist Psychotherapeutin und Schriftstellerin in Rottendorf bei Würzburg.

Hinter den Pseydonymen Teresa und Bernd Steins verbirgt sich ein Ehepaar, das eine lebensbedrohliche Krankheit erlebte und miterlebte. Ereignisse und Orte wurden verfremdet, die Namen von Ärzten, Pflegenden und anderen Personen wurden verändert.

»Dies ist ein überaus eindrucksvolles Manuskript, ein menschlicher Erfahrungsbericht, von dem zu wünschen wäre, dass eine grosse Zahl von Menschen für sich daraus lernen könnte.«
Prof. Dr. Horst-Eberhard Richter

Mabuse-Verlag • Postfach 90 06 47
60446 Frankfurt a. M. • Tel.: 069-70 79 96-16 • Fax: 069-70 41 52
www.mabuse-verlag.de • verlag@mabuse-verlag.de

Frauengesundheit im Mabuse-Verlag

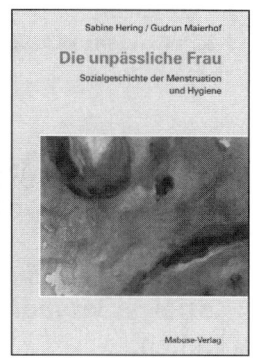

medica mondiale (Hg.)

Sexualisierte Kriegsgewalt und ihre Folgen

Handbuch zur Unterstützung traumatisierter Frauen in verschiedenen Arbeitsfeldern

Dieses Handbuch bietet Informationen über das Auftreten und die Formen von sexualisierter Gewalt in Kriegs- und Krisengebieten, beschreibt die sozialen und psychischen Folgen für Frauen und Mädchen und geht auf die rechtliche Situation der Betroffenen als Asylbewerberinnen und Zeuginnen in Gerichtsprozessen ein.

2004, 440 Seiten,
29,80 €
ISBN 3-935964-48-X

Terre des Femmes (Hg.)

Schnitt in die Seele

Weibliche Genitalverstümmelung – eine fundamentale Menschenrechtsverletzung

AutorInnen aus zehn Ländern berichten von der Aufklärungsarbeit gegen Genitalverstümmelung in Afrika bis hin zur Beratung von MigrantInnen in Deutschland, eröffnen einen Blick auf die Asylproblematik in unserem Land und berichten über den strafrechtlichen Umgang in Afrika und Europa.
»Parteiisch und sensibel!« (der überblick)

2003, 336 Seiten,
12,90 €
ISBN 3-935964-28-5

S. Hering/G. Maierhof

Die unpässliche Frau

Sozialgeschichte der Menstruation und Hygiene

In diesem reich illustrierten Buch werden die historischen und bis heute gängigen Vorurteile und Mythen über die Menstruation aufgezeigt. Viele der abstrusen Überzeugungen, etwa von der Giftigkeit des Menstruationsblutes, halten sich hartnäckig und sorgen noch heute für »Berufsverbote« in der Lebensmittelindustrie.

2002, 183 Seiten,
19,90 €
ISBN 3933050-99-5

Verlagsprospekt anfordern!

Mabuse-Verlag

Postfach 90 06 47 • 60446 Frankfurt am Main
☎ 0 69-70 79 96-16 • Fax 0 69-70 41 52 • verlag@mabuse-verlag.de